ウニベルシタス研究所叢書

教職協働はなぜ必要か

常に前進する大学を目指して職員の立場から考える

吉川　倫子　著

飛翔舎

ウニベルシタス研究所叢書発刊にあたって

　ウニベルシタス研究所叢書は、日本の大学教育をよりよきものにしようと奮闘する教職員への応援歌です。

　いまは、18 歳人口の減少により大学に厳しい時代と言われ、経営難に直面している大学もあります。しかし、高等教育機関である大学には「日本の将来を支える人材を育成する」という重要な使命があります。この本質を理解し、大学の本来のミッションである教育、研究を大学運営の中心に据えれば、大学は評価され経営も安定するはずです。

　本叢書は、大学、そしてそれを支える皆さんに「がんばれ」のエールを送るとともに、大学運営や教職員の役割などについて経験豊富な執筆陣が Tips を語ります。本叢書が、大学が本来の使命を全うするための道標となれば幸いです。

ウニベルシタス研究所叢書編集委員会
大工原孝（ウニベルシタス研究所所長）
井上雅裕、高橋剛、寺尾謙、村上雅人、吉川倫子
2023 年　秋

ウニベルシタス研究所について

　2019 年 5 月に設立された研究所です。ウニベルシタス universitas とは、宇宙、世界、組合という意味のラテン語であり、大学の語源となった言葉です。

　大学の原点は、学生の組合・教員の組合というウニベルシタスにあります。本研究所は、大学の原点に戻って、「教育の力」によって、「新しい価値の創造と発信」を目指すことを、中心に据えています。

　教育の力は絶大です。ダイバーシティに基づく寛容な考え方や、知の継承は人類の所産であり、VUCA の時代において教育機関の重要性は大きくなっています。

　自由な立場に立つウニベルシタス研究所は、日本の高等教育に対する提言を行うとともに、日本の大学を取り巻く経済・政治・社会・文化・技術等の経営環境を調査検証しながら、研究成果を国内外に発信することを目的としています。

参照「ウニベルシタス研究所・開所趣意書」
https://universitas.themedia.jp/　　　ウニベルシタス研究所

まえがき

　10 年ほど前から、大学運営に関して「教職協働」という
キーワードを聞くようになってきました。そして、この間、
他大学の教職員から教職協働を進めるにはどうしたら良い
か、という質問を受ける機会が多くなってきました。そのよ
うな質問を受けるたびに、私としては、とても違和感を覚え
ました。

　なぜなら、同じ組織で働く者どうしが大学の目標を共有し、
学生に対する人材育成を一緒に行うことは、当たり前のこと
と思っていたからです。

　大学においては、主役は学生と教員という考えがあります
が、人材育成を可能にする場としての機能や環境を整える仕
事は職員が主として担う必要があります。そのため、教員、
職員のどちらが欠けても大学は成り立ちません。

　中央教育審議会でも「教職協働」の重要性が話題に上がり、
実際に、令和 4 (2022) 年 10 月に大学設置基準を改正する流
れにもなりました。当たり前のことと思っていた「教職協働」
について、なぜ、設置基準まで改正する必要があったのでし

ようか。それは、多くの大学で教職協働がうまく進んでいない事が背景にあります。

　本書では、教職協働はなぜ必要か、その「わけ」を、長年私立大学の職員であった筆者が、私立大学職員の立場から考察してみました。本書が「教職協働」について、その意義をあらためて考え、実践するきっかけとなれば望外の幸せです。

2023 年　秋

著者　吉川倫子

もくじ

第1章　社会と高等教育行政

1.1.　社会の変化

　現代は、未来予測が不能で不安定な VUCA[1]の時代と言われています。我が国においては急速な少子高齢化が進み、経済も低迷して国力が衰える一方で、国際間競争の激化が進んでいます。このような時代には、経済の活性化や技術革新を担うイノベーション人材の育成を国が積極的に進める必要があります。まさに、高等教育機関である「大学」の役割が重要になるのです。

　このような状況下において、「これら社会の劇的変化に大学教育が対応できているのか」という問いが政府や産業界から大学に投げかけられています。そして、その厳しい意見や提言に呼応するかのように高等教育行政がかなりのスピードで変化し、国は大学に対して様々な政策誘導を行ってきて

---

[1] Volatility（変動性）、Uncertainty（不確実性）、Complexity（複雑性）、Ambiguity（曖昧性）の頭文字をとったもの

います。

　多様な社会変化に対して大学における教育だけが変われば良いのか、という疑問はあります。ただし、政府や産業界の指摘には、納得できるものも確かにあります。高等教育機関である大学は、世界で活躍できる人材を育成し輩出するという使命・目的のため、常に教育内容を見直し、変化していく必要があるのも事実です。

　「不易と流行」という言葉があります[2]。不易は変わってはいけないもの、流行は時代とともに変わるべきものの意です。教育においても「読み、書き、そろばん」のような変わらない教育の基礎もあれば、インターネットの普及やデジタル化などの社会の変化にともない変えていくべきものもあります。大学教育は、不易を大事にしつつ、流行にも目を配る必要があります。

1.2.　教育改革

　21 世紀に入り、高等教育のグローバル化が進展し、世界の大学において高等教育の質保証を期するためのパラダイ

---

[2] 松尾芭蕉が提唱した俳諧の理念です。

ム転換が進んでいます。それは、From "what is taught" to "what is learned"、すなわち「大学が学生に何を教えたか」ではなく「学生が大学で何を学んだか」を重視する教育への転換です。

　その実現には、**学修マネジメントシステム** (learning management system：LMS) の導入と、電子ポートフォリオ (e-portfolio) の整備による**学修成果** (learning outcomes) の可視化ならびに、それをラーニングアナリティクス (learning analytics) により分析し、その結果を教育手法の改善につなげる PDCA (plan-do-check-act) サイクル展開の実施が求められています。そして、学生が主体的に学ぶ意欲を涵養できる教育体制の構築も重要です。

　このような大学教育の改革を支援するために、文部科学省は**大学教育再生加速プログラム** (Acceleration program for University Education Rebuilding：AP) を平成 26 (2014) 年から平成 31 (2019) 年まで実施しました。全国の 78 の大学ならびに短大や高等専門学校が、この事業に採択されています。その結果、参加大学間での情報共有ネットワークが構築され、連携が強化され、多くの大学教育の質的転換に寄与するところとなりました。

　今後は、全国の大学ならびに短大で、同様の大学改革が求められています。このためには、教員と職員が常に社会の変

化を捉え目的意識を共有し、大学運営を進めることが必要です。

1. 3.　デジタル社会への対応

　一方、インターネットの普及により世界の産業構造が、労働集約型 (labor intensive) ならびに資本集約型 (capital intensive) から**知識集約型社会** (knowledge intensive society) へと急速に移行しています。日本政府も、サイバー空間と現実空間を高度に融合した未来社会 "Society 5.0" によるイノベーション創出を提唱しています。

　このようなデジタル社会においては、人工知能 AI (artificial intelligence) に使われるのではなく、AI を使いこなすことのできる人材を育成することも急務となっています。このため、政府は、文系学部においても「データサイエンスの必修化」を求めています。

　文部科学省は、令和 2 (2020) 年より**知識集約型社会を支える人材育成事業** (Human Resource Development Project for Supporting Knowledge-based Society : DP) を開始しました。この DP 事業は、Society 5.0 時代に向け、大学が、全学的な教学マネジメントの確立とガバナンス強化によって、組織改

善循環を生むシステムを形成することを基盤とし、今後の社会や学術の新たな変化や展開に対して柔軟に対応し、幅広い教養と深い専門性を有する人材を育成することを目的としています。

　また、このような教育改革を実現するためには、教職員が一体となって、大学運営を進めることが文部科学省からも強く推奨されています。つまり、大学改革の実現には、教職協働がマストとされているのです。

1.4.　ガバナンス改革

　中央教育審議会大学分科会「大学のガバナンス改革の推進について（審議まとめ）」（平成 26 (2014) 年 2 月 12 日）では、「今後、各大学による一層の改革が求められる中、事務職員が教員と対等な立場での『教職協働』によって大学運営に参画することが重要である」とされました。

　その後、スタッフ・ディベロップメント SD (staff development) の義務化ほか、大学設置基準も改正される流れになりました。私はこの中央教育審議会大学分科会で指摘された「事務職員が教員と対等な立場で」という表現がいささか気になっています。

事務職員と教員は役割が異なっており、それぞれの役割においては対等なのではないのでしょうか。「対等な立場」というような表現が使われるのは、その背景として、対等ではない現状があるからと推測できます。

　いま、なぜ教職協働は必要と言われているのでしょうか。そこで、次章ではまず事務職員と教員の違いを整理したうえで、教職協働について考えます。

第2章　事務職員と教員の違い

2.1.　法律上の位置づけ

　大学関係法令としては、日本国憲法に始まり教育基本法、学校教育法等や文部科学省令としての設置基準等がありますが、事務職員と教員の位置づけについては学校教育法と大学設置基準から「事務職員と教員の違い」に着目をして考えてみます。

　第九十二条　大学には学長、教授、准教授、助教、助手及び事務職員を置かなければならない。ただし、教育研究上の組織編制として適切と認められる場合には、准教授、助教又は助手を置かないことができる。

　②　大学には、前項のほか、副学長、学部長、講師、技術職員その他必要な職員を置くことができる。

　③　学長は、校務をつかさどり、所属職員を統督する。

学校教育法第 92 条では、第 1 項に、「大学には学長、教授、准教授、助教、助手及び事務職員を置かなければならない。ただし、教育研究上の組織編制として適切と認められる場合には、准教授、助教又は助手を置かないことができる。」とあり、第 2 項に「大学には、前項のほか、副学長、学部長、講師、技術職員その他必要な職員を置くことができる。」とあります。

　ここでよく提起されるのが、第 1 項では教員は教授から助手まで資格の記載があるのに対して、事務職員は総括してまとめられていること、そして、第 2 項で、「技術職員その他必要な職員」という表現がなされている点です。

　さらに、学校教育法第 92 条第 3 項で、「学長は、校務をつかさどり、所属職員を統督する。」とありますが、ここでいう「職員」とは第 1 項と第 2 項の教員や職員が対象です。

　理事長と学長を有する学校法人の場合、事務職員が理事長から直接の指示により職務を行うケースが見受けられますが、この法律によると大学に所属する事務職員は学長の下で職務遂行を行うことになります。

　理事長が学長を飛び越えて大学の事務職員に指示することはガバナンス上の問題があり、多くの私立大学で発生している不祥事の原因にもなっています。

　そして、学長がリーダーシップを発揮し、教職協働による

大学改革を推進するために、大学に所属する事務職員の人事については学長の意向を踏まえた人員配置を計画的に行うことが肝要です。

2. 2. 大学設置基準

昭和 31 (1956) 年に制定された大学設置基準では第 42 条で「大学は、その事務を処理するため、専任の職員を置く適当な事務組織を設けるものとする。」と事務組織を規定し、第 43 条で、「大学は、学生の厚生補導を行うため、専任の職員を置く適当な事務組織を設けるものとする。」としています。

事務組織と厚生補導のための機関を設けなければならないが、具体的な機構は各大学が規模に応じて編成することとされており、これだけの基準でした。

そして、第 42 条にあるように、事務職員は事務を「処理する」ために置くとされていました。職員は事務を処理するだけで良かったのです。これは、昭和 31 (1956) 年の設置基準が制定された頃の時代認識です。

しかし、後述するように事務職員は事務を処理するために置かれているという考えが長い間続いていました。なお、厚

生補導を行うとの規定は、大学設置基準制定前の大学基準協会による「大学基準」からきています。この大学基準では、「大学は学生生活の向上を図るために適当な専任機関を設けなければならない」とあり、その名称を補導部、厚生部、学生課などとした大学が多かったようです。

2.3. 大学設置基準の改定[3]

　長らく変更のなかった大学設置基準でしたが、平成 22 (2010) 年事務組織の基準に第 42 条の 2 として、社会的及び職業的自立を図るために必要な能力を培うための体制が追加されました。

　これは、学生の資質能力に対する社会からの要請や、学生の多様化に伴う卒業後の職業生活等への移行支援の必要性等が高まったための措置です。教育課程の内外を通じて、社会的・職業的自立に関する指導等に取り組むこと、また、そのための体制を整えることが必要となり、これら社会の変化を踏まえて、制度化を図るということが改正の狙いでした。

　「教育課程の実施及び厚生補導を通じて培うことができ

---

[3] 大学設置基準は令和 4 (2022) 年に大幅に改正されました。詳細は第 7 章をご覧ください。

るよう、大学内の組織間の有機的な連携を図り、適切な体制を整えるものとする。」というように設置基準も改正されましたが、これにより教職協働が必要になってきたとも言えるのです。

大学設置基準　平成 22 (2010) 年 2 月 25 日公布
　（社会的及び職業的自立を図るために必要な能力を培うための体制）

　第四十二条の二　大学は、当該大学及び学部等の教育上の目的に応じ、学生が卒業後自らの資質を向上させ、社会的及び職業的自立を図るために必要な能力を、教育課程の実施及び厚生補導を通じて培うことができるよう、大学内の組織間の有機的な連携を図り、適切な体制を整えるものとする。

　少し補足しますが、この大学設置基準改正前の平成 18 (2006) 年には経済産業省より「職場や地域社会で多様な人々と仕事をしていくために必要な基礎的な力」として「社会人基礎力」[4] が提唱されました。そこでは、「前に踏み出

---

[4] 経済産業省の「社会人基礎力」は平成 30 (2018) 年 2 月に「人生100 年時代の社会人基礎力」として「何を学ぶか」「どのように学ぶか」「どう活躍するか」の新たな 3 つの視点が加わりました。

す力」、「考え抜く力」、「チームで働く力」の3つの能力（12の能力要素）の育成が必要とされています。平成 22 (2010) 年の設置基準の改正は、経済産業省の提言を意識したものと考えられます。

2.3.1. 教職協働

平成 29 (2017) 年 3 月 31 日に公布された大学設置基準の第 2 条の 3 に（教員と事務職員等の連携及び協働）として、教職協働が規定されました。

この改正は、大学が行う業務が複雑化、多様化する中、大学運営の一層の改善に向けては、事務職員・事務組織等が、これまで以上に積極的な役割を担い、大学総体としての機能を強化し、総合力を発揮する必要があることが背景にあります。

さらに、大学教員を取り巻く職務環境の変化も踏まえ、教員・事務職員等の垣根を越えた取り組みが一層必要となっており、各大学が、教員と事務職員等とが連携協力して業務に取り組む重要性を認識し、教職協働の取り組みを進めていく必要があることから、学内の事務組織に係る規定の改正及び、教職協働に係る規定の新設が行われたものと推察されます。

また、第 41 条で、「大学はその事務を遂行するため」と昭

和 31 (1956) 年制定時の「処理する」から「遂行する」に変わっています。これからも、単なる事務処理ではなく、組織運営に事務職員が積極的に関与すべきという方針が伺えます。大学設置基準の制定から実に 60 年以上の時を経て事務組織に関する規定が改正されたことになります。

大学設置基準　平成 29 (2017) 年 3 月 31 日公布

（教員と事務職員等の連携及び協働）

　第二条の三　大学は、当該大学の教育研究活動等の組織的かつ効果的な運営を図るため、当該大学の教員と事務職員等との適切な役割分担の下で、これらの者の間の連携体制を確保し、これらの者の協働によりその職務が行われるよう留意するものとする。

（事務組織）

　第四十一条　大学は、その事務を遂行するため、専任の職員を置く適当な事務組織を設けるものとする。

　では、次項からは教員組織関係の設置基準を見ていきます。

2.3.2.　教員組織

　昭和 31 (1956) 年に制定された大学設置基準第 5 条では、

「大学は、その教育研究上の目的を達成するため、学科目制又は講座制を設け、それらに必要な教員を置くものとする」とあります。

　第6条では、「教育上主要と認められる学科目（主要科目）は、専任の教授、又は助教授が担当するものとする。ただし、主要学科目を担当すべき適当な教授又は助教授が得られない場合に限り、専任の講師又は兼任の教授、助教授もしくは講師がこれを担当し、又は分担することができる」と記載されています。

　教育上主要と認められる学科目（主要授業科目）は、専任の教授、又は助教授が担当するものとするという条文は、平成 3 (1991) 年の改正で「原則として専任の教授、又は助教授が担当するものとする」のように、頭に「原則として」が加わりました。つまり、適当と認められる場合には、それ以外のものも担当してもよいと改定されたことになります。

2. 3. 3.　教員数

　専任教員数については、平成 3 (1991) 年に「従来の授業科目区分に応じ教員数を定める方式を改め、別表第一により当該大学に置く学部の種類に応じ定める数と別表第二により大学全体の収容定員に応じ定める数を合計した数以上と

する」となりました。

　また、編入学定員の設定を可能にするため、入学定員から収容定員に基づき算定する方式となりました。また、学部の種類の例示の廃止、授業科目区分の廃止、昼夜開講制に対応する規定の整備も行われました。

　兼任教員数については、全教員の 1/2 を超えないものとする制限は廃止され、大学の判断により必要な数の兼任教員を置くこともできるとなりました。

2. 3. 4.　グローバル化への対応

　平成 13 (2001) 年の改正では、「大学は、その教育研究上の目的を達成するため、学科制、講座制又は大学の定めるところにより必要な教員を置くものとする」と変更になりました。この改正は、我が国の高等教育機関が世界に開かれた高等教育機関としてその役割を十分に果たしていくため、高等教育制度の国際的な整合性を図り、教育研究のグローバル化を推進するとともに、国際競争力を高めることが重要であるとの考えを基本にしています。このような考えに基づき、柔軟かつ機動的な教育研究の展開の観点から、教員組織の弾力化を図る改正が行われました。

　そして、平成 15 (2003) 年改正では、第 7 条 4 項に、「教

育研究水準の維持向上及び教育研究の活性化を図るため、教員の構成が特定の範囲の年齢に著しく偏ることのないよう配慮するものとする」が加えられました。また、第12条では、「一の大学に限り、専任教員となるものとする」の後に、「専任教員は、当該大学以外における教育研究活動その他の活動の状況を考慮し、当該大学において教育研究を担当するに支障がないと認められる者でなければならない」が加えられました。

2. 3. 5. 組織連携の必要性

平成18 (2006) 年には、学校教育法も一部改正され、合わせて設置基準も改正されています。第7条第1項は、「大学は、その教育研究上の目的を達成するため、教育研究組織の規模並びに授与する学位の種類及び分野に応じ、必要な教員を置くものとする」と改正され、第2項の学科目制関係と第3項の講座制関係の条文は削除されました。

そして、新たに第2項として、「大学は、教育研究の実施に当たり、教員の適切な役割分担の下で、組織的な連携体制を確保し、教育研究にかかる責任の所在が明確になるように教員組織を編成するものとする」ことが規定化されました。

なお、講座制や学科目制をとることを否定するものではな

く、各大学において、硬直的・閉鎖的な運用に陥らないよう
必要な工夫や配慮を行った上で、引き続きこれら制度を採用
することも可能となっています。

2.4.　教員と事務職員の役割

　つぎに、組織的かつ効率的な大学運営を遂行するための、
大学における教員と事務職員の役割の違いや教員の多様な
業務について考えます。

　大学の事務職員は組織の一員であり組織を構成していま
すが、教員は個人事業主であって組織にはなじまず、いつで
も他大学に移る自由があると（教員は）思っています。最近
は事務職員も流動化するケースが見られますが、とはいえ事
務職員はその組織に所属し組織の指揮命令系統の中で職務
を行う存在です。このように教員と事務職員は、そもそも組
織に対する意識等が大きく異なっています。しかしながら、
大学で働く教員と事務職員は、互いの役割の違いを理解し、
そして互いを尊重しつつ、両者が責任をもって仕事のできる
環境を協働でつくることが大学運営には重要です。

2.5. 教職協働の事例

　平成 24 (2012) 年 8 月 28 日の質的転換答申資料（文部科学省）[5]の中で、教員の業務について、平成 14 (2002) 年と平成 29 (2017) 年を比較しています。それによると、教育に関する時間や社会サービスの割合が、5 ポイント以上増加しています。反面、研究に関する時間が 10 ポイント以上減っています。また、我が国の教員の担当授業コマ数については、1 学期あたり 8 コマ程度であり、多いと分析されています。

　平成 29 (2017) 年に文部科学省の委託を受けた教職協働の先進的事例に係る調査がありました[6]。先進的事例としての特徴がまとめられています。この委託調査に 14 大学の事例が出されていますが、その中に教職協働のヒントとなる内容が多く掲載されています。

　事例の一つの**芝浦工業大学**は、「教職協働トップランナー」を標榜しており、数値データをもとに議論する文化の醸成

---

[5] 文部科学省中央教育審議会、2012、「新たな未来を築くための大学教育の質的転換に向けて〜生涯学び続け、主体的に考える力を育成する大学へ〜（答申）」　資料編 61 頁「教員の職務活動時間の割合」、「教員の授業コマ数の状況」
https://www.mext.go.jp/b_menu/shingi/chukyo/chukyo0/toushin/1325047.htm（2023 年 4 月 19 日アクセス）
[6] 文部科学省、2018、「大学等における教職協働の先進的事例に係る調査」https://www.mext.go.jp/a_menu/koutou/itaku/1403495.htm
（2023 年 4 月 19 日アクセス）

（IR、Culture of evidence）と発想の転換（creative thinking: できない理由を並べるのではなく、どうすればできるかを考える）を当時の村上雅人学長が掲げています。そして、教職員それぞれの立場を理解し互いを尊重して行動すること、現在の改革やそのための教職協働が何故必要なのかを教職員に理解してもらうことで、自主的な動きにつなげることとしています。また、FD（faculty development）：ファカルティ・ディベロップメントならびに SD は教員と事務職員が連携して行い人材育成にも繋げています。例として、教職協働ワークショップ（ワールドカフェ形式のワークショップ）などを挙げており、学生も加えた教職学協働（教員、事務職員、学生による協働）も推進し大学改革を進めています。

　もちろん、芝浦工業大学だけでなく、多くの大学で教職協働は進められています。

　東京大学は、教員の研究時間劣化の改善に向けた事務職員人事制度の再構築プランとして、課題の整理をしています。ただし、国立大学では、事務職員主体での意思決定に対して抵抗感のある教員も多く、この調整が課題のひとつとなっています。再構築プランの目的のひとつである「教員の研究時間確保」についても、どううまく伝えていくかが課題となるでしょう。事務職員にも責任と権限が伴うことになるため、

事務職員側の意識改革や責任感の醸成も課題とされています。

　愛媛大学は、教職員が協働して研修を企画・運営されています。教員だけでなく事務職員も学内外での研修に企画段階から参加することで、事務職員の高度化を目指しています。教員組織と事務職員組織の対応関係を明確化し、教職協働の土台を整備されています。

　国際教養大学は、教職協働で学生に深くコミットとされており、「教員が教育研究に集中できる大学」という基本コンセプトとし、ガバナンス構造が「教職協働」であるとされています。教員も事務職員も学生に深くコミットし、教職協働で学生をケアされています。

　桜美林大学は、提案型事務職員が活躍できる体制を敷いています。事務職員が責任を担う体制になったことで、自覚が芽生え、より質の高い企画立案・運営が行えるようになったとされています。さらに、業務の結果を出すことで、教員も安心して事務職員に仕事を任せるようになり、「指示待ち型」から「提案型」事務職員が活躍できる環境に変化したと書かれています。なによりも、桜美林大学には、職員養成の大学

アドミニストレーション研究科[7]があり、事務職員の専門性を獲得するアカデミックサポートがあることも、事務職員の能力向上、そして教職協働の推進にプラスに働いていると考えられます。

　このように、多くの大学において「教職協働」の数多くの**優れた取組** (good practice) があり、その成功例を共有していくことも重要と考えられます。

2.6.　先導的大学改革推進委託事業

　令和元 (2019) 年度の文部科学省による委託調査である「先導的大学改革推進委託事業」[8]の教育と研究の充実に資する大学運営業務の効率化と教職協働の実態調査の報告書からも考えます。

　この調査は、　第 10 期中央教育審議会大学分科会の「教育

---

[7] 桜美林大学大学院の大学アドミニストレーション研究科は令和2 (2020) 年に募集停止し、令和 3 (2021) 年度より「国際学術研究科国際学術専攻大学アドミニストレーション実践研究学位プログラム（修士課程）」としてスタートしています。

[8] 文部科学省、2020、「教育と研究の充実に資する大学運営業務の効率化と教職協働の実態調査」
https://www.mext.go.jp/a_menu/koutou/itaku/1418370_00008.htm
（2023 年 4 月 19 日アクセス）

と研究を両輪とする高等教育の在り方」に関する検討会で大学教員の業務内容の実態調査を踏まえた検討の必要性が指摘されており、教育機関を改善していく前提条件として

　「大学教員が管理運営業務に時間を費やすため教育と研究に専念する時間が少ない」

　「担当する授業科目が多いため学生と十分に向き合うことができない」

　などの意見があげられており、効率化や整理・削減が可能な業務や教職協働又は事務職員等が中心に担うことが望まれる運営業務について学内事務等の調査を行い、それらを把握することを目的に行われました。

2.6.1.　調査結果

　調査結果では、教員からは、負担が多く改善を求める業務としては、委員会・会議準備・事務書類作成、入試広報活動があげられ、負担はあるが費やす時間の削減や効率化を考えていない業務としては、授業・学生対応があげられました。

　一方、事務職員からは、委員会・会議や大学運営、学部の活動計画業務は、教職協働で行うべきものとの意見がだされました。

　そして、教員から改善の検討が必要な 3 種類の大学運営

業務としては、委員会・会議、物品購入・出張費申請等の事務作業、教員の立場が必要な業務があげられましたが、この3つは、大学の規模や設置区分地域性に関係なく生じている問題のようです。そして、この3種類の業務がコアタイムに生じることで、まとまった研究時間が確保できないとの意見がだされています。

2.6.2.　学生対応について

　教員から負担はあるが費やす時間の削減や効率化を考えていない業務として、授業・学生対応があげられたことは、嬉しくもありますが、正直、少し意外な感じも受けました。授業は教員としての基本的な職務ですが、学生対応については状況によっては教員にかなりの負担となるケースが多いのではないかと思っていたからです。

　例えば、様々な障害を抱える学生への対応についてはカウンセラーや精神科医等と連携した支援が必要です。また、生活上の問題を抱える学生に対しては、大学で雇用する「キャンパスソーシャルワーカー（社会福祉士や精神保健福祉士の国家資格を有する者）」が徐々に増えているようです。

　近年、問題を抱える学生が多様化しています。ひとことで発達障害と呼ばれていますが、自閉症スペクトラム、注意欠

陥多動性障害 (ADHD)、学習障害など様々であり、対応も異なります。このような問題を抱える学生への対応は、教員の業務とみなされることもありますが、教員にとっては多大な負荷になっているのではないでしょうか。まじめな教員ほど、責任を強く感じて、結局、問題が表に出ない場合もあります。基本的には、専門職員と事務職員が協働で対応し、教員と連携することがベストではないでしょうか。

2.6.3.　今後取り組むべき施策

　この調査では、今後取り組みたい施策としては

　・教員と職員のコミュニケーション強化
　・事務職員の能力向上
　・教員業務の分業化

の3点があげられています。
　そして、教員の教育・研究時間を増加させるには、「無駄」「負担」の改善と、教職員の大学運営をこなすスキルの向上が必要と纏められています。
　それでは、教員と事務職員のコミュニケーション強化はどうすればできるのでしょうか。事務職員にはどのような能力

が求められているのでしょうか。また、教員業務の分業化とはどのようにすべきでしょうか。無駄、負担の改善は全ての教職員が望んでいることでしょうが、具体的に、何が無駄で何が負担なのでしょうか。大学運営をこなすスキルはどのような立場の教職員に必要なのでしょうか。これらを明確化する必要があります。

2.7.　学内組織

令和 3 (2021) 年 8 月 4 日の中教審質保証システム部会の資料[9]に、学内組織等に係る論点があげられています。

「内部質保証の実質化に向け、大学全体で組織的・体系的な教育課程の編成、運営、検証及び見直しが行われることが必要ではないか。そして、そのための体制の在り方としてどのようなことが考えられるか」

「大学の業務が複雑化・多様化する中で、事務組織・事務職員の役割・位置付けについても一体的に見直すべきではないか」

---

[9] 文部科学省中央教育審議会、2021、第 10 回質保証システム部会 資料 2-1　https://www.mext.go.jp/kaigisiryo/mext_00254.html （2023 年 4 月 19 日アクセス）

「個々の授業科目を一人の専任教員が担当するという科目主義的な考え方から、組織的かつ体系的な教育課程編成の下で、必要となる授業科目の開設やチームとして教育を実践する体制に転換していく方向で見直しを検討してはどうか」等の意見が出されています。

そして、教員と事務職員等の協働により教育研究活動を全学的・組織的に運営するという理念が明確化されるような改訂が必要とされています。

例えば、教員組織（第7条）、事務組織（第41条他）、教職協働（第2条の3）や教育課程編成（第19条他）等に係る関係規定を一体的に再整理してはどうか。

教員や事務職員等のスキルの高度化や専門性の向上に向けたSDやFDの充実を図るため、国、大学団体、大学等が担う役割としてどのようなことが考えられるか。

管理運営（IR等）、教学支援（教務支援、研究支援、入試業務等）、学生支援（キャリア支援等）などにおいて、一定の高度性・専門性が求められる業務があること、役割分担や協働等による教職員の負担軽減などを図る観点等から、大学の規模や必要性に応じ、専門的に対応する組織や担当する教員・事務職員等を置くよう努める旨規定してはどうか、等があげられています。

大学運営は組織的かつ効率的に行う必要があります。その

ためには、大学の構成員である教員と事務職員の立場や役割
の違いを認識することが必要であり、また、大学教員の多様
な業務を理解し、教職員の負担軽減を図ることが必要です。
そのためには事務職員の専門性が一層求められています。教
員と事務職員が協働で大学運営を遂行する「教職協働」の必
要性がみえてきたのではないでしょうか。

第3章　コミュニケーションと目的の共有

3.1.　コミュニケーション

　どのような組織においても、物事を進める際には、構成員どうしのコミュニケーションがとても大切です。しかし、多くの大学では、教員と事務職員間のコミュニケーションに大きなギャップがあると指摘されています。

　まず、教員のなかには、事務職員は教員の単なる下働きとしか考えていないひともいます。一方、事務職員のなかには、最初から教員とコミュニケーションを図るのは無理とあきらめているひともいます。

　それでは、教職協働の第一歩として、教員と事務職員のコミュニケーションは、どうすれば強化できるのでしょうか。改めて、「協働」とは何かを辞書で調べてみますと

　「ひとつの目的を達成するために、各部分やメンバーが補完・協力し合うこと」と「新明解国語辞典」には書かれています。その他「同じ目的のために協力して働くこと」(明鏡

国語辞典）「同じ目的のために、対等の立場で協力して共に働くこと」（大辞泉）等がありました。やはり、「協働」で重要なのでは、「メンバーが同じ目的を共有する」ことにあります。

　これらに加えて、教員と事務職員が、それぞれの立場や役割の違いを認識し、そして、互いを尊重し、理解しようとする姿勢も大切です。これが実現できれば、教員と事務職員とのコミュニケーションは、自然に強化されていくものと考えられます。ただし、口で言うのは簡単ですが、それを実行するのは容易ではありません。

　平成 24 (2012) 年から令和 3 (2021) 年の 9 年間にわたって芝浦工業大学の学長を務めた村上は、教職協働にとって重要なポイントとして 2 点を掲げていました[10]。

　ひとつは、数値データをもとに議論する文化の醸成 (culture of evidence) です。思い込みや不確かな情報には頼らず、常に最新の数値データを共有しそれをもとに議論する姿勢、すなわち IR (Institutional Research) が重要という指摘です。

　もうひとつは発想の転換 (creative thinking) です。なにか新しいことを始めようとするとき、できない理由を探すので

---

[10] 村上雅人著「教職協働による大学改革の軌跡」（東信堂 2021）を参照ください。

はなく、どうすればできるかを考えることが重要であるという指摘です。この 2 点の重要性を繰り返し教職員に伝えていました。

　新たな取り組みを始めようとする際、「規定がこうなっているので難しい」とか、「これまで進めてきたやり方と整合性がとれない」などと「できない理由」を並べるひとが多くいます。しかし、それでは大学改革は進みません。教員でも、事務職員でも、このような発言をするひとは、まわりから共感はえられないでしょう。

　例えば、障壁となる規定があるのならば、なぜその規定があるのかを理解し、その背景にまで目配りすることが必要です。そして、状況に応じて別の進め方ができないかを考えること、場合によっては、規定を見直すことも視野に入れることです。このような前向きな姿勢が、教職員にとって、とても重要となります。

　もっといえば、前例踏襲の仕事の進め方では昭和 31 (1956) 年の大学設置基準第 42 条（事務を処理する）のままです。つまり、事務職員の仕事は単なる事務処理であり、言われた仕事を単にこなすだけという認識です。それでは大学は前進しません。一方で、物事を進める際、「上が決めたから、仕方なく対応する」というやり方では、構成員が自覚をもって、真摯に仕事に取り組むことはできません。最近は、

大学運営において、トップダウンの重要性を強調する傾向にありますが、教職員に理解のえられない方針では、大学は動きません。「互いを尊重し、理解する姿勢」が欠如していたのでは、結局、教職協働はうまく進まないのです。

　繰り返しになりますが、教員と事務職員が協働で大学運営を行うには、両者のコミュニケーション強化と相互理解が必要です。それでは、具体的にどうやってこれを実現すればよいのでしょうか。

　文部科学省の大学分科会及び大学教育部会（平成 27 (2015) 年 6 月～平成 28 (2016) 年 3 月）における委員発言の中に、つぎの意見がありました。

　「法律上で『教育職員と事務職員が互いにその権限を尊重しつつ、責任を分かち合い、事務職員、教育職員に関わりなくその個性と能力を十分発揮できる』教職協働体制を作ることが必要と規定すべきである。」

　しかし、平成 29 (2017) 年 3 月 31 日に公布された大学設置基準は、第 1 章に記載したように以下の表現に整理されています。

　（教員と事務職員等の連携及び協働）

第二条の三　大学は、当該大学の教育研究活動等の組織的かつ効果的な運営を図るため、当該大学の教員と事務職員等との適切な役割分担の下で、これらの者の間の連携体制を確保し、これらの者の協働によりその職務が行われるよう留意するものとする。

上記委員の発言の「互いにその権限を尊重しつつ」が条文に反映されなかったのは残念ですが、教職協働が設置基準に盛り込まれた思いや考えを理解する必要があります。

大学は「ひとを育てる場」であり、国の将来を支える人材を育成するという崇高な使命があるという誇りをもって、大学運営を行うことが重要です。

まずは、教職協働は、その重要性に理解を示す教員、つまり、広い視野にたって大学改革を推進しようとする教員と職員が協働することから始めることが肝心です。理解のないひとと無理に協働しようとしても、残念ながら徒労に終わることが多いからです。

3.2.　目的の共有

同じ目的のために協力して働くことが「協働」であると確

認しました。では、目的の共有はどうすればできるのでしょうか。

　教職協働を推進するためには、大学の基本的な使命が「教育」と「研究」であることを踏まえたうえで、大学としてのビジョン、つまり、大学が進むべき方向を教員と職員が理解し、共有することが重要です。

　また、大学のビジョンを策定する際には、教職員が共同参加することが望ましいです。自分たちが知らないところで決まったビジョンでは、納得して大学運営に参加することが難しくなります。

　そのうえで、学長は検討結果を参考にしながら、大学としてのビジョンを自分の責任で決定し、その後は学内外に積極的に発信する必要があります。外部への発信は、公的な約束になるからです。

　教職員は、大学のビジョンを理解し、そして、それを共有することが第一歩となります。教職員がビジョンの意味を理解し、共有できていれば、後は、同じ目的を共有する仲間として、ともに同じ夢を描き、それに向かって進むことができるからです。

3.3. 人材育成の場という視点

　大学の使命は、教育、研究、社会貢献と言われています。多くの大学では、大学運営は教員が主導し、職員がその方針に従い支援するという形が一般的でした。

　基本的に企画立案や意思決定は教員が主導して行うものという暗黙の文化があったのではないでしょうか。しかし、大学を取り巻く環境が変わる中、教員が教育研究に集中できるよう、大学運営は事務職員が主導し、教員の協力を仰ぐ形での教職協働が望ましいといえます。

　その際、重要となるのは、大学は人材育成の場であるという視点を原点に、教員と事務職員がこの思いを共有することです。大学は、就職予備校ではなく、なにものにも捉われない「自由な学問」をする場であると主張する識者も多いです。

　研究者としての教員にとっては、それで良いのかもしれません。しかし、多くの学生は、大学を出たら社会人として働きます。よって、社会で活躍できるように、専門知識とともに社会人基礎力を育成することも大学の大きな使命となります。

　もちろん、大学や教員にとって研究は重要です。また、学問を究めることも大切です。ただし、大学の基本には人材育成があるということを認識すべきです。そして、大学の教育

によって有為な人材を社会に輩出することは、大学の重要な社会貢献となります。

　幸いにして、多くの教員も事務職員も学生に対する教育を通して、その成長を願うという同じ思いを共有しています。

　「学生のために」を基本とし、「学生のためになることを行う」という方針のもと、同じ目標に向けて共に進めば自然と教職協働につながるのではないでしょうか。

第 4 章　芝浦工業大学の教職協働

4.1.　芝浦工業大学について

　第 2 章で芝浦工業大学の事例について少し触れましたが、本章では令和 2 (2020) 年度までの約 10 年間に及ぶ芝浦工業大学における教職協働による大学改革の事例をもう少し詳しく紹介します。なお、この 10 年間は、筆者がまさに当事者として大学改革に取り組んだ期間です。

　学校法人芝浦工業大学は、東京都江東区豊洲に法人本部を置き、埼玉県さいたま市とで大学としては 2 つのキャンパスを有し、4 学部 1 研究科を擁しています。また、江東区の新豊洲地区に附属中学高等学校、千葉県柏市に中学高等学校を附置しています。

　芝浦工業大学は、昭和 2 (1927) 年に創立者有元史郎により「社会に学び社会に貢献する技術者の育成」を建学の精神とし設立されました。現在はこの建学の理念を尊重しつつ、グローバル社会を意識した「世界に学び世界に貢献するグロ

ーバル理工学人材の育成」を教育目標に掲げています。なお、法人が設置する学校の学生生徒数は令和 4 (2022) 年時点で約 1 万 2 千人、教職員約 600 人という規模になります。

4.2.　教職協働による競争的資金獲得と事業展開

　大学改革は、教員と事務職員が一体となって、教職協働で進める必要があります。教員のみ、あるいは事務職員のみで大学を動かすことはできないからです。このことを共通認識として持つことが重要です。

　ところで、教職協働を進めると言っても、どのように、その成果を評価すればよいのでしょうか。もちろん、長期的視野に立てば、大学が多くの志願者を集め、社会から高く評価され、発展することが評価の基準となります。

　ただし、ある事業がうまく進んでいるかどうかを判断するためには、数値で見える目標も必要です。そこで、芝浦工業大学では、教職協働の成果の目標として、文部科学省の補助事業の獲得件数を掲げていました。これは、外部の競争的資金は、教職員が協働しなければ獲得できないという考えに基づいています。

　そして、教職協働の成果として、芝浦工業大学は、SGU（ス

ーパーグローバル大学創成支援事業)、AP（大学教育再生加
速プログラム）、COC（地（知）の拠点整備事業）の3事業
に採択されています。

　また、平成 25 (2013) 年度から開始された「私立大学等改
革総合支援事業」では開始年度から連続してタイプ 1 から
タイプ 4 の全てに採択されています。これも教職協働の成
果です。この事業の開始から、連続して全てのタイプで採択
されているのは芝浦工業大学のみです。

4.3.　SGU による大学改革の効果[11]

　芝浦工業大学が教職協働で獲得した SGU、AP、COC の 3
事業の中で最も大きなインパクトを与えたのは、10 年間も
の長期にわたる補助事業である SGU です。
　文部科学省は、日本の大学生の「内向き指向」を改め、海
外留学を広める取り組みを平成 24 (2012) 年度から「グロー
バル人材育成推進事業」を開始し、芝浦工業大学はこれに応
募し、全国の 42 の大学とともに採択されました。文部科学
省は、さらにグローバル化を加速するための事業を創設しま

---

[11] 芝浦工業大学、2016、スーパーグローバル大学創成支援事業報
告書 (2015-2016) を参照ください。

す。それがスーパーグローバル大学創成支援事業です。

4.3.1.　スーパーグローバル大学創成支援事業

　スーパーグローバル大学創成支援 (SGU) 事業は、平成 26 (2014) 年度から令和 5 (2023) 年度までの 10 年間という異例の長期にわたる大型プロジェクトです。"徹底した「大学改革」と「国際化」を断行し、我が国の高等教育の国際通用性、ひいては国際競争力強化の実現を図り、優れた能力を持つ人材を育成する環境基盤を整備する"（文部科学省ウェブサイト[12]より）ことがこの事業の目的です。

　SGU 事業は、大学ごとの事業規模により、「世界ランキングトップ 100 を目指す力のある大学（トップ型）」、「これまでの実績を基に更に先導的試行に挑戦し、我が国社会のグローバル化を牽引する大学（グローバル化牽引型）」の 2 つのグループに分けられ、芝浦工業大学は後者のグローバル化牽引型に応募、採択されました。

　採択された大学はトップ型 13 校、グローバル化牽引型 24 校です。大学の設立形態で分けると、国公立 23 校、私学 14

---

[12]　文部科学省スーパーグローバル大学創成支援事業
https://www.mext.go.jp/content/1360288_03.pdf
（2023 年 4 月 18 日アクセス）

校となります。この計 37 大学のみが「スーパーグローバル大学」の呼称とロゴマークを使うことができるのです[13]。

　なお、14 の私立大学のうち理工系単科大学は芝浦工業大学ただ一校です。このことに大学の教職員は大きな誇りと責任を感じています。

　スーパーグローバル大学として、芝浦工業大学は政府からの補助金を有効活用しながら「世界トップレベルの大学との交流・連携を実現、加速するための新たな取り組み」「人事・教務システムの改革」「学生のグローバル対応力育成のための体制強化」といった組織改革・教育改革・国際化を進めています。

　そして、自ら設定した「学生の海外派遣数」「留学生受入数」「国際的に通用する語学力をもつ学生数」などの成果指標を、令和 5 (2023) 年度までに達成することを目指しています。

　さらに、政府ひいては納税者に対する約束として、国内の他大学に自分たちの活動を広げ、そのグローバル化を牽引する役割も担います。

---

[13] スーパーグローバル大学は "super global university" から SGU と略されますが、和製英語ではないかという指摘もあり、文部科学省は、海外向けには、より英語らしい "top global university" という名称を使っています。

4.3.2.　SGU 事業への挑戦

　SGU 事業は、その計画発表時から大きな注目を集めていました。まず、1件あたりの補助金額がそれまでの GP 事業 [14]よりもはるかに大きいこと、さらに、選定が 1 回のみであり、補助期間が 10 年という長期にわたることです。

　選定校数も少ないことから、大学の差別化につながるという批判もありました。また、要件の厳しさから、多くの大学は、申請する前に断念したと聞きます。芝浦工業大学でも、学内には申請しても難しいだろうと推測する教職員が多い状況でした。理事会も申請には懐疑的でしたが、教職協働に手ごたえを感じていた学長室メンバーを中心に、挑戦を決めたのです。

　申請書の作成にあたっては、多くの苦労がありました。なにより膨大な項目の整理と目標設定が大変です。ただし、当時は、大学として何かに挑戦することに前向きなメンバーが学内にはいました。また、教職協働を通して、IR (Institutional

---

[14] GP は good practice の略です。「優れた取組」という意味ですが、大学等が実施する教育改革に関する優れた取組を GP と呼んでいます。文部科学省では、各大学の GP を選び、補助金などによる支援をしてきました。「特色ある大学教育支援プログラム（特色 GP）」「現代的教育ニーズ支援プログラム （現代 GP）」「質の高い大学教育推進プログラム （教育 GP）」などがあります。

Research) の重要性を組織として認識し、データ共有も進んでいたことも追い風となりました。そして、高い目標でしたが、教員と事務職員が一緒になって頑張れば手が届くのではないかという希望もあったのです。

SGU 申請書の作成に際しては、土日を返上して丸 2 日をかけて、若手を中心とした約 50 名の教職員が構想調書を練るためのワークショップを実施しました。学長は、あえて参加しませんでした。あくまでも自主的なボトムアップ活動の一環という位置付けだったからです。

この場で出された構想は、当時の状況からすると高い目標設定でしたが、教職員の熱い思いを学長が受け止め、申請そして採択につながったのです。

ここで、とても重要であったのは、構想の内容がトップダウンではなく、現場の教職員が自ら提案した内容であったという事実です。自分たちの提案であれば、その実行にも責任をもって、主体的に取り組むことが可能です。その結果、本事業は、着実に目標に向かって進み出しました。

例えば、学生の海外派遣数の数字を見てみると、平成 22 (2010) 年度は 84 名だったものが、毎年、着実に向上し、平成 31 (2019) 年度には 1,586 名となりました。これは、驚異的な伸びではないでしょうか。現場の教職員が一緒になって、海外に行くことの意義を学生に働きかけたことが大きな要

因です。もちろん、大学としても学生が安心して海外に渡航
できる仕組みづくりも行いました。

　また、留学生の受け入れについても平成 23 (2011) 年度に
は 119 名だったものが、平成 31 (2019) 年度には 1,692 名と
なりました。平成 31 (2019) 年度はコロナ禍の影響で海外派
遣は約 200 名がキャンセル、留学生受け入れは約 50 名のキ
ャンセルがありましたが、コロナ禍の影響を大きく受けるこ
とはなく上記の実績をあげることができました。

4.3.3.　教職協働による事業推進

　SGU 採択や採択後の SGU 推進は、まさに、教職協働の成
果です。なお、学生が安心して海外に行ける仕組みづくりの
話を紹介しましたが、学生の海外派遣時には教員とともに事
務職員も同行して引率しています。つまり、海外派遣も教職
協働の取り組みの一つとしているのです。なにかトラブルが
あったときには、事務職員がサポートに入ることができます。
　さらに、引率は事務職員の SD 研修も兼ねており、事務職
員に対する人材育成制度として計画的に同行する事務職員
を選考しています。ここで、特筆すべきは、これら事務職員
が国際部や関連部署のメンバーだけでなく、学内のあらゆる
部署の事務職員を対象としていたことです。当初は、部下の

派遣に対して難色を示す上司もいましたが、グローバル化を含む SGU 推進が大学として取り組むべき重要施策ということが浸透していくことで、学内の理解も得られるようになりました。

また、グローバル化に直接関係のない部署においても、朝礼時に課員による英語の簡単スピーチを取り入れるところもあり、大学全体が事業推進に前向きになっていきました。これは、組織として大きな変化であったと感じています。

4.3.4. グローバル PBL

実は日本人学生の海外派遣や留学生受け入れの増加には「グローバル PBL（Project Based Learning；問題解決型学習）」も大きく影響しています。グローバル PBL は、芝浦工業大学の学生が協定校の学生とプロジェクトチームを組み、各自の専門知識を活かし特定の課題の問題解決に取り組むというプログラムで、全学部全学科に正課の授業科目として配置されています。

また、PBL の具体的なテーマとしては、専門分野だけでなく学生の出身国における産業界や地域社会が抱える現実問題を考えるケースも増やし、学生が真剣に取り組むことのできる内容にしています。

　日本国内で芝浦工業大学が留学生を受け入れる場合は、一度に 10 か国以上から受け入れる大規模な PBL もあります。このような場合には、参加する教員と学生の数が多くなるうえ、国際間の入念なやり取りも必要となるため、事務職員が 1 年がかりで企画・準備をします。もちろん、PBL の実施内容は教職協働で進めますが、各国との調整や実際の受け入れ準備には多忙な教員の手を煩わせることはできません。このため、事務職員が主体的に関わることが、とても重要となります。

4.3.5.　法人改革

　SGU 事業においては、大学のグローバル化だけではなく、法人全体の改革も求められました。これは、SGU、つまり、スーパーグローバル大学 (top global university) を冠する大学には、世界標準の教育研究と大学運営が求められたからです。

　例えば、外国人や女性比率等ダイバーシティを意識した教職員の採用、年俸制等給与制度、事務職員の英語力等が挙げられます。その他、海外渡航学生や受け入れ留学生を増やすための奨学金支援があります。奨学金は JASSO（独立行政法人日本学生支援機構）による学生支援の枠組みも活用します

が、当然これだけでは不足します。そのため、学内予算を確保し、新たな奨学金を制度化しました。

これらは教学部門だけでは対応が不可能であることから、理事会はもとより法人所属の職員も含めた協働と理解が必要になりました。

また、SGU 推進を機動的に行えるよう、実施体制も組み直しました。SGU 事業は全学の様々な部署が関わる活動であるため、関係する教職員が多くなります。TOEIC 対策をどうするか、海外プログラムなどの新規事業をどう進めるかなど、方針決定、予算執行など組織的決断を迅速に行う必要があります。それまでの体制では、意思決定に関わる会議がいくつかあり、会議参加者も多くなるため、組織としての決断が滞る可能性がありました。

そのため、学長を推進本部長、学事部長を推進本部事務部長とする SGU 推進本部を SGU に採択された翌年度の平成27 (2015) 年 10 月から設置し、迅速な意思決定を可能としたのです。

さらに、SGU 担当教員と国際部による SGU 担当者会議を毎週開催し、細部の情報共有と SGU 目標の数値管理や確認を行いました。この情報共有も教職協働にとっては重要となります。

そして、経過報告や事業の進捗状況を SGU 推進本部会議

で毎週報告し、さらに学部長、研究科長、付置機関の長や事務部門の役職者がメンバーとなる SGU 教学会議を毎月、メンバーが集まりやすい昼休みの時間帯に開催することで、全学の教職員が目標達成に向けて意識を共有する流れを作りました。この迅速で正確な数値管理によって、目標達成への努力を促すという良い循環がもたらされたのです。

4.3.6.　ワークショップの開催

　SGU の執行体制にはボトムアップでグローバル化についての提案や質保証を行う流れと、トップダウンで予算執行、全体の推進、制度構築を進める流れがあり、両者を融合する必要があります。

　そこで、SGU 事業の円滑な展開のためのワークショップを年 4 回開催し、ボトムアップで具体的内容を検討する場を設けました。また、このワークショップは通常は教職協働で行いますが、学生の意見を尊重する必要があることから適宜学生の参加も促しました。

　一例として、平成 27 (2015) 年 12 月に実施した教職学協働の SGU ワークショップを紹介します。ここでは、「学生の英語力向上策」をテーマに実施したところ、参加学生は皆前向きであり、現状に対する批判も含めて積極的な意見が出さ

れました。

　具体例を紹介すると

　「研究室内で、日本人学生が留学生と英語を話すのが怖い。嫌だと逃げている。」

　「海外留学プログラムに参加したが、後輩にプログラムの良さや経験した内容を伝えたい。」

　「国際部からのメールを増やすなど、学生への情報提供を密にしてほしい。」

　などの要望が上がり、早速現場での改善に繋げることが出来ました。その結果として、学生を主体に考える教職学協働による、SGU 事業の展開が出来てきました。

　このような取り組みの好循環の結果、入学する学生や保証人の「グローバル理工学人材」に対する意識は私たち教職員が肌で感じられるほど年々変化していきました。

　ここでご紹介した内容はほんの一例です。このような様々な仕掛けと地道な取り組みを日常的に継続することによって、芝浦工業大学の SGU による大学改革は、全ての教職員が目標を共有し法人全体の改革へと繋がっていくこととなりました。

4.4.　私立大学等改革総合支援事業

　文部科学省は、平成 25 (2013) 年度から、教育及び研究面からの大学改革に組織的・体系的に取り組む私立大学等を選定し、当該大学等の財政基盤の充実を図るため、経常費・施設費・設備費を一体として重点的に支援する事業を開始しました。選定された大学には、一般補助は一定割合を加算、特別補助は回答内容をもとに点数化し、タイプごとに増額されます。

　また、この補助金は使途が限定されていないのが特徴です。設備を購入した分の何割かを補助、という補助金とは異なるので、私学経営上もありがたい事業です。

4.4.1.　事業の概要

　この支援事業は、「大学教育質転換型」「地域特色型」「多様な連携型」の 3 タイプで開始しました。その後、タイプ構成の変遷がありましたが、平成 31 (2019) 年度以降は、大学等の継続的な取り組みを促す観点から

　タイプ 1　「『Society 5.0』の実現等に向けた特色ある
　　　　　　　教育の展開」

タイプ2 「特色ある高度な研究の展開」

タイプ3 「地域社会への貢献」

（地域連携型及びプラットフォーム型）

タイプ4 「社会実装の推進」

の4タイプで構成されています。

申請時には、このタイプごとに設定された評価項目について回答する形式で、得点の高い順に採択校が選定されますが、予め自己採点ができることが特徴です。昨年度との比較をしつつ、平均点を達成できるか、何点足りないか等ある程度予想ができます。次年度に向けて対策を立てることができるので、肯定的に捉えさえすれば、日常的な大学改革の PDCA (plan-do-check-act) 展開に繋げられる事業と言えるのです。

4.4.2. 事務職員によるチェック作業

芝浦工業大学では、「私立大学等改革総合支援事業」のすべての項目について、常に事務職員が状況を確認しています。そして、要求条件を満たしていない項目がある場合は、教員にも働きかけ、また、教授会などでも適宜報告し、次年度にはクリアできるよう組織的な対応を行っています。

ただし、各タイプの評価項目は毎年見直しが行われるうえ、

クリアできた大学が増えれば項目から外れることもあります。

　そして、評価項目が通知されるのは毎年夏頃で、申請期限は 10 月末[15]です。なんとか申請期限のギリギリまで 1 点でも点数を延ばそうというスタンスで内容の確認を組織的に教職協働で行います。

　具体的には内部質保証に責任を持つ「学部長・研究科長会議」で達成できていない項目を学部ごとに報告・共有します。それを受けて、各学部長、研究科長は、教授会等で報告・共有するとともに、事務職員は各部署内でも共有します。

　このとき、他学部が達成できているのに、未達の学部がある場合、当該学部長や学部の構成員は、その是正に真剣にならざるを得ません。他学部ができているのですから、言い訳はできません。また、別の視点では、この学部のために大学の評価が下がることにもなるからです。

　もちろん、すべての項目で満点をとることはできませんし、大学として、取り組む必要がないと判断できる項目もあります。この判断も重要です。

　このような取り組みの結果、芝浦工業大学では、一人ひとりの教職員が、自分事として評価項目の回答案に漏れがない

---

[15] コロナ禍の令和 2 (2020) 年度、令和 3 (2021) 年度は 11 月末期限でした。

かを確認するようになりました。その結果、芝浦工業大学は初年度から連続して 4 タイプ全てに採択されることになったのです。

4.4.3. 事務職員による情報収集

この事業では、毎年、評価項目の見直しが行われます。このため、大学として組織的な情報収集を行うことが必要となります。文部科学省から発信される資料や答申などをしっかりと読み込むことは基本ですが、関連の審議会などからの高等教育に関する提言を注視することも大事です。この作業は、主として事務職員が担います。教員には教育研究に集中できる時間をつくることも大切だからです。

そして得られた情報や学んだ内容は関係部署の教職員と共有します。特に学長とは常に迅速に課題を共有することを心掛けました。幸い、当時の学長は、内容を理解したうえで、素早い判断を下し、理事会の対応を含めて必要な措置をとってくれました。

学んだ知識を活かし、自大学で組織的に大学改革を実践するためには、事務職員だけでなく教員からの協力が絶対に必要になります。事務職員はこの認識を持ち、関係する教職員に対し丁寧に説明する等、互いに信頼関係を築きながら、教

職協働を推進する力が必要になります。

　ただし、事業が開始した初年度は様子がわからず、不安があったのは事実です。そこで、担当者に任せきりにせず、全ての項目を学長と学事部長も細部にわたり入念にチェックしました。

　実は、学内には基準を狭義に解釈したり、大学の取り組みを否定的に見る職員もいました。また、芝浦工業大学は改革ができていない（あるいはできない）という大学であるという先入観が、一部の職員にはあったようです。大学の改革が全学に伝わるには、ある程度の時間がかかるからです。

　さらに、大学の活動がすべて共有されているわけではありません。他の部署で行われていることに無関心である場合も多いです。これは、学部間においても同じことが言えます。その結果、大学として、きちんとした取り組みがなされているのに、「できていない」と判断してしまう項目も結構あったのです。そこで、エビデンスを示して、基準を満たしているという説明を行ったうえで、大学として申請を行いました。

4.4.4.　補助金の獲得

　私立大学等改革総合支援事業は、申請対象が 4 タイプあり、さらに、それぞれのタイプに多くの評価項目が設定され

ています。また、ルーブリック形式の設問となっているため、ひとりの判断で回答できるものではありません。よって、教職協働が重要となるのです。

　ただし、一つ一つの項目は、大学が取り組むべき内容が記載されていますので、前向きに捉えれば、大学改革に資することができます。加えて、目にみえるかたちのメリットがあれば、教職員のやる気も向上します。

　ここで、ひとつの成果を紹介します。芝浦工業大学の大宮と豊洲の両キャンパスにはグローバルラーニングコモンズ (global learning commons : GLC) という留学生と日本人学生が共に学ぶ場があります。GLC は、留学生と日本人学生スタッフによって運営されており、多くの学生だけでなく、教職員も利用しています。

　実は、この場所は私立大学等改革総合支援事業の施設整備費を活用することによって整備されたものなのです。つまり、自分たちが関わった大学改革の具体的な成果が、目に見えるかたちで、教員にも事務職員にも伝わるのです。

　この結果、グローバル教育の推進が加速され、教職員の私立大学等改革総合支援事業に対する理解が進みました。まさに、プラスの循環です。

　ところで、4. 3.項において SGU 事業について触れましたが、芝浦工業大学に交付される年間補助金額としては、実は、

SGU 事業よりも私立大学等改革総合支援事業によるものの方が上回っています。

　私立大学等改革総合支援事業によってどれだけ補助金が増加されたのかも毎年教職員に報告しています。補助金額という目に見える数字で示すことによって、自分たちの取り組みが大学に貢献できていることがわかります。まさに成果の「見える化」です。

　さらに、このように使途が限定されていない補助金が多くなることは、大学経営という観点からも法人として無視できません。また、通常の予算枠を超えた収入ですので、予算を必要とする新たな取り組みを提案することもできます。先ほど紹介した GLC の設置は、そのひとつです。

　この結果、点数を1点でも多く獲得するよう、多くの教職員が自然と意識するようになりました。もちろん、点数がすべてではありませんが、具体的な目標を意識することも大切です。そして、全学的に大学改革に対する教職員の態度も前向きに変化していきました。

4.5.　教職協働での新任研修

　新任教職員に対しての FD・SD 研修は、どの大学でも行っ

ていると思います。ただし、教員研修と事務職員研修を別々に行っている大学が多いのではないでしょうか。

芝浦工業大学では新任の教職員に対する研修を、年度始めの 4 月 1 日からの一定期間、教職協働の一環として一堂に会して行っています。

まず、研修の冒頭で、学長による大学の教育目標や具体的取り組みについての講演を行い、芝浦工業大学の目標を共有します。

事務部門によるガイダンスは、関係部署も多く内容も多岐にわたり時間を要するため、事務職員が予め動画を作成しオンデマンド配信をします。これを事前に視聴してもらい、内容を学習してもらいます。新任教職員研修の場では、具体的な質問に答える形で進行しています[16]。また、ワールドカフェ形式のグループ討論も取り入れ、教職員間の交流が進むようにしています。

新任教職員研修で特徴的なのは、例えば「シラバスの書き方」など、メインには教員が行うことについても、教員だけでなく事務職員も一緒に学ぶことです。教員が実際の授業をどのように組み立てているかを理解することで、どの部署に配属されても事務職員が教員への支援ができるようにして

---

[16] これは、まさにブレンド型学修として注目されている**反転授業** (flipped classroom) と同じ手法です。

いるのです。また、4.4.で記載した私立大学等改革総合支援
事業等における項目には、教育改革に関するものが多いです。
この研修を通して、職員に対しても教育改革の意義と内容を
意識できる下地を作っているのです。

　このような研修を通して、教職員の同期会も結成されてい
ると聞きます。さらに、SNS等による情報交換も行われてい
るようです。もちろん、年齢に幅はありますが、互いに新人
ということにかわりがありません。その絆は大切です。教職
協働推進にあたっても重要な一歩となるのではないでしょ
うか。

　そして、採用後半年ほど経過したころに再度振り返り研修
を行っていますが、新任教職員の大学での状況を確認したり、
困っていることなどを聞く場にもなっています。

第 5 章　教職協働から教職学協働へ[17]

　芝浦工業大学は「理工学教育日本一」を目指し**教育の質保証** (quality assurance of education) と質向上を進めています。その根幹は、「大学が学生に何を教えたか」"what is taught by the university" ではなく、「大学の教育によって学生が何を学んだか」"what is learned by students" を重要視することです。そのためには、学生の**学修成果** (learning outcomes) の質保証も重要となります。

　一方で、当事者である学生がその気にならなければ何の意味もありません。そこで、教育の質保証を推進するうえで、学生の主体的な学びを促進するための「教職学協働」による活動も行っています。以下にそのいくつかを紹介します。

---

[17] 吉川倫子、2018、私学経営 No.525、「大学改革—教職協働から教職学協働へ」公益財団法人私学経営研究会、pp30-32 を参照ください。

5.1.　教職学協働のワークショップ

　学内で FD・SD の一環として、教育改革ワークショップを行う機会がありますが、教育プログラム改善に関しては、教員と事務職員だけでなく、学生が一緒に参加して行うことがあります。

　具体的には、ワールドカフェ方式で、教員と事務職員と学生が混成チームを形成し、同じテーブルでグループディスカッションを行います。学生からは、普段は聞けない貴重な意見が出ます。また、学生がメンバーに入ると、教員や事務職員からは、かなり建設的な意見が出るようになります。いつもは、大学に批判的でシニカルな教員であっても、学生視点での議論ができるようになります。

　さらに、ワークショップの場で出てきた提言は、迅速に、教育改善に反映されます。教員も事務職員も学生も納得していることなので、すぐに実践が可能となるのです。このように、芝浦工業大学では、教職学協働により、学生の意見を活用する仕組みができており、まさに、教育・学修改革の PDCA (plan-do-check-act) サイクル展開がうまく回っているのです。

5.2. スチューデントジョブ制度

　スチューデントジョブ (student job) とは、学生に大学運営等の手伝いをしてもらい、その対価として給与を支払うという制度です。ただし、単なるアルバイトではなく、学生が大学運営に関わることにより、大学に対する帰属意識を高めるとともに、就業体験を通した人材育成も目的のひとつとしています。また、学生の生活費の支援という側面も持っています。

　さらに、学内で就業ができることや、残業などもなく、就業時間もきちんと守られることから、学生にとって、安心安全に仕事ができるというメリットもあります。

5.2.1. SCOT 制度

　大学での授業改善は予想以上に難しいです。もともと小中高の教員と異なり、大学教員は教授法に関する講義を正式に受けたこともありませんし、教育実習も経験していません。小中高に比べて学校で教育課程を編成する際の基準を定める学習指導要領もありません。いまでは FD (faculty development) の機会も多く、教育手法に関するセミナーも増えていますが、多くの教員は、それに参加する時間をなか

なかとれないのが実情です。

　一方、実際の授業の場で、学生の視点で改善点の指摘があれば、それを活かすことが可能です。授業アンケートなどを活用するのも一案ですが、授業法 (pedagogy) という視点での改善には、なかなか結びつきません。

　そこで、研修を受けた学生が授業を観察し、学生の視点に立った客観的な情報を教員に提供することで、教員の授業改善や向上に役立てる SCOT (Students Consulting on Teaching) 制度があります[18]。教員は、SCOT 生との面談を通して自らの授業をより良くするためのヒントを得ることができます。

　一方、SCOT 生は、大学の学びに対する意識が向上し、教職員と交流する中で社会性やコミュニケーション力が磨かれ、芝浦工業大学への帰属意識が高まります。SCOT 生になるためには、8 時間の研修に加えて、課題発表と最低 2 回の実地研修を受けることが必須です。これらを終えた後に申請を受け、登録申請を承認された学生が SCOT 生として活動することができます。

　SCOT 制度を利用した教員からは

　「教員相互授業参観では得られないものがある。教員の目

―――――――――――――――――

[18] アメリカで始まった制度であり、日本では帝京大学が導入したのが初めてです。SCOT 生は、自分が履修していない科目に対して授業改善を提言します。また、教員には強制ではなく、あくまでも本人の要望に基づいて SCOT を配置する制度となっています。

線・動き・学生の当て方等、学生の視点からのアドバイスは直ぐに授業に反映させることができた。今まで目が届かなかったところに目が行くようになり、話が学生に届くような"奥に広まった感"がある。」

　等の好意的なコメントが寄せられています。もちろん、当初は、学生が教員の授業に意見するのはけしからんという考えもありました。しかし、実際に制度を利用すると、多くの教員が、その有効性に気づくようです。

　また、SCOT 生からは

　「授業観察はいつも新鮮でした。ある講義では私が学んだ方法とは違うアプローチに驚かされ、学んだことのない講義では、初めて見る授業運営に驚きました。」

　という感想や

　「自分が見てきた授業や履修してきた授業が、自分の提言によって改善されるのだと思うと身が引き締まる。そこから得られる感動は忘れないようにします。」

　という建設的なコメントがありました。そして、就職活動を経験した学生からは

　「SCOT 生としての活動を通して、社会人としてのコミュニケーション能力を高めることができ、それが就職面接の際に評価されたと考えています。」

　という嬉しいコメントもありました。

5.2.2.　ラーニングファシリテーター制度

　大学院生を対象としたラーニングファシリテーター (Learning Facilitator : LF) 制度があります。LF 制度は、シグマ型統合能力人材育成を目的に平成 20 (2008) 年に採択された文部科学省の「組織的な大学院教育改革推進プログラム」の一環で発足した制度の一つです。

　約 10 年前、博士人材を日本社会が有効に活用していないとの指摘や高学歴ワーキングプア等、社会問題となっていました。そこで、芝浦工業大学では、社会で活躍できる博士人材を育成することが大学の重要な使命と位置づけ、新たな教育プログラムを博士課程に導入したのです。

　シグマ型統合能力人材のシグマは数学記号の Σ に通じます。つまり、いろいろな能力を統合的に有するという意味です。このときの能力とは、

　①　**複眼的工学能力** multi-faceted engineering views
　自分の専門能力にとどまらず、幅広い工学知識を有し、知を活用できる能力

　②　**技術経営能力** technology management skills
　技術分野の知識資源を核としてビジネスという観点から

技術開発をマネジメントできる能力

③ **メタナショナル能力** meta-national awareness
自国を誇りに思うとともに、多様性を理解し、グローバル
な視点で発想し行動ができる能力

のことです。

　これら能力を育成することで、イノベーション創出に貢献
し、世界の持続発展に寄与するとともに国際社会で活躍でき
る博士人材の輩出を目指したプログラムです。

　LF 制度は優秀な博士課程の大学院生を対象としたもので、
LF 自らが学部・大学院の教育・研究の質の向上を図ると共
に、LF 同士の連携を図りながら、教育研究能力の向上を目
指した組織的な活動を自主的に行うというものです。LF の
活動を通じて、自らがシグマ型統合能力人材に成長すること
が目的でもあります。

　なお、現在は修士課程の大学院生にも対象を広げており、
LF 生は芝浦工業大学大学院の教育・研究の質向上に貢献し
ています。なお、LF 制度発足当初から毎月 1 回教職員とミ
ーティングを義務付けており、まさに、教職学協働で進めて
いる事業の象徴となっています。

　このプログラムの成果は、学生の視線に沿った大学改革案

が数多く提言されていること、また、それまでアカデミック
分野へ進むことしか考えていなかった博士課程学生の多く
が民間企業に就職し、そこで活躍してくれていることです。

5.2.3.　グローバルスチューデントスタッフ制度

スーパーグローバル大学創成支援事業 (SGU) 採択を契
機に、平成 28 (2016) 年にグローバルスチューデンドスタッ
フ (Global Students Staff : GSS) 制度を導入しました。GSS 制
度は、グローバル化推進に関わる業務や、留学生のサポート
をする学生スタッフ制度です。日本人学生だけでなく留学生
の加入も促すことで、新たな留学生への適切なアドバイスや
国際交流イベントでの手厚い対応を目指しています。現在約
160 人（うち留学生が 5 割を占めます）が GSS として登録
しており、大学のダイバーシティ推進のため教職学協働でグ
ローバル化を推進しています。

この他、国際学生寮（留学生と日本人学生が共に生活）、
東大宮学生寮（男子寮）には RA (Resident Adviser) 制度に
よる学生スタッフが常駐し、それぞれの寮の運営や寮生に対
する支援補助を行っています。RA は大学院生が担っており、
寮生と一緒に生活し、日常生活や学業などの相談に応じてア
ドバイスなどを行います。また、入寮セレモニーや大学のイ

ベントの際にも、支援を仰いでいます。

5.2.4. 男女共同参画研究支援員

　芝浦工業大学では、ダイバーシティ推進の一環として、男女共同参画も積極的に進めています[19]。この中で、妊娠出産・育児・介看護等のライフベントにより研究のための時間が制約される研究者の支援に学生が参加しているのです[20]。研究時間を確保し、育児や介看護と研究の両立、研究の水準の維持をはかるために、支援を希望する教員に男女共同参画研究支援員として大学院生を配置しています。

　教員自身の教育研究レベルの維持に有効な制度ですが、支援員として配置された学生は、教員のライフイベントの状況に接することで、自らも大きく成長しています。

　なお、この支援員制度は、平成 25 (2013) 年度から 3 年間の事業として採択された文部科学省の科学技術人材育成費補助事業（女性研究者研究活動支援事業）を契機に設置しました。事業構想時には「教育研究支援員」として考えていましたが、当該事業は研究活動の支援を目的に行うものであり、

---

[19] 平成 27 (2015) 年には東京都女性活躍推進大賞を受賞しています。
[20] 女性教員だけでなく、ライフイベントに直面している男性教員も支援する制度です。

「教育」は対象外と指摘を受け、事業終了時までは「研究支援員」として配置しました。

　しかし、大学の使命としての教育と研究は不可分です。支援を受ける教員にとっても、これら業務を切り離さない一体的な制度である方が望ましいはずです。そのため、事業終了後は当初の構想通り「教育研究支援員」と名称を改め、大学予算にて配置しています。

　このように芝浦工業大学の大学改革に際しては、学生を活用した教育研究・学修の PDCA サイクルを回す仕組みがあり、多様なスチューデントジョブ制度を用意して、まさに学生参加型の大学改革である教職学協働を推進しています。

5.3.　職学協働によるリーダーシップ研修

　事務職員と学生で行う職学協働の研修について紹介します。学修の質保証を推進するには、当事者である学生が主体的に学修することが重要です。また、事務職員も指示待ちでなく一人ひとりが主体的に仕事に取り組むことも必要です。これは、一人称で責任を持って仕事をするという意味です。

　余談ですが、「提案や意見をしただけではいけない。言うたらやれよ、やるなら面白くやれ」とある方から教えられま

した。よく、会議等で意見を言っても、結果、言いっ放しで何も進まないことがあると聞きます。これでは意味がありません。

　発言者は、「一人称で」、「その実施に向けて責任を持つ」ことが必要です。そして、どうせやるなら、楽しく仕事をしたいです。「言うたらやれよ！そして、やるなら面白くやれ！」です。

　学生や事務職員が自らの主体性を培うために事務職員と学生が共に研修する「リーダーシップ研修」を**大学教育再生加速プログラム** (Acceleration Program for University Education Rebuilding：AP) 事業の採択後から毎年実施してきました。

　リーダーシップを「対人関係スキルを活用し、周りの人々を巻き込み協働することで物事を達成する能力」と定義し、まずは「リーダーシップ」を知識として学習し、シミュレータを活用した疑似体験で学生と事務職員が一つのグループで練習します。

　そして、学生は例えば研究室内での後輩との対応、事務職員は職場での部署内のメンバーとの対応を通じ、それぞれがリーダーシップ研修の場で実際の行動の結果を振り返ります。また、研修時間外課題として AP 事業で開発途上のラーニング・ポートフォリオ (learning portfolio) に記録するとい

う流れをとりました。ラーニング・ポートフォリオとは、学生の学修成果を記録するもので、学修成果の質保証の一環として当時開発を進めていたものです。また、これら研修の成果は、教職学協働のワークショップなどにおいて、成果を発表するようにしました。

この職学協働の研修に関しては、参加者から肯定的な意見が寄せられています。例えば、学生からは「事務職員がこんなに大学を考えてくれているんだ」という感想がありました。また、普段直接学生と接することの少ない部署の事務職員からは「学生がこのように真剣に大学を思っていることを知った」などの意見を得ることができました。

また、開発中のラーニング・ポートフォリオを実際に学生や事務職員が使うことで、その改良を進めることができました。その結果、学生にとって使い勝手のよい学修マネジメントシステム (learning management system : LMS) を整備することができたという副次効果もありました。

職学協働という言葉は、あまり聞きませんし、他大で実践しているという例もありません。しかし、両者とも大学のステークホルダーであり、ともに大学をよりよい方向に導くべき存在です。今後は、大学改革にとって、職学協働の重要性は、ますます高くなるものと考えられます。

5.4. 職職協働[21]

　教職協働を語る前に、そもそも組織が縦割りとなっている
ため、職員同士の「職職協働」が出来ていないという話をよ
く聞きます。目的を共有して、一緒に協働して働くという意
味では、職員どうしの協力も重要となります。

　職員の仕事は範囲が広いです。そして、ステークホルダー
が多様な大学では、予期しない事も含めて、様々なことが発
生します。そのため、状況に応じて組織を超えて他の部署の
職員と協働し柔軟に対応することが求められます。

　働き方改革とともに、いかに部署の異なる職員どうしが、
うまく協働できるかは、今後の大きな課題になると考えられ
ます。その際、重要になるのが、「2.5. 教職協働の事例」で
も触れましたが、「情報共有」と「発想の転換」"creative
thinking"ではないでしょうか。

　できない理由を探すのではなく、どうすればできるかを考
える。そして、「目的達成につなげるためには、なにをすべ
きか、そして、どんな手法がベストか」ということを常に意
識して物事を進めれば、おのずと職職協働も進むはずです。

　また、職職協働は、部署の異なる職員同士だけではありま

---

[21] ここでの「職員」とは教員以外の事務職員、技術職員、その他
の職員を指します。本節以降も同じ意図で記載しています。

せん。多くの大学では、従来より警備や清掃業務等を外部に
アウトソーシングする傾向がありましたが、最近では経理業
務や図書館業務、奨学金業務等も BPO（ビジネス・プロセ
ス・アウトソーシング）として外部専門業者に委託する流れ
が出てきています。

　職員も直接雇用だけでなく、様々な形態の職員が共に働く
状況に変化してきています。雇用形態や契約形態が異なって
いても大学で働くことに変わりはありません。大学の基本的
な目的は、「教育研究によって学生を育て、そして、卒業し
た学生が社会で活躍すること」です。雇用（契約）形態が異
なる立場でも、「学生を育てる」という目的を共有し、職職
協働で学生支援を行うことが必要です。

5. 4. 1.　多様な職員に対する SD の必要性

　大学では多様な職員が共に働いています。雇用形態からみ
ると、直接雇用といわれる専任職員、非専任職員の他、直接
雇用でない派遣職員、業務委託等アウトソーシングの職員等
があります。委託等の職員は外部委託先の指揮命令下での労
働者であり、派遣職員も派遣契約業務での就労となりますの
で、大学が直接 SD を行うことは難しい部分もあります。

　しかし、大学で共に働く仲間であることに変わりはありま

せん。少なくとも大学が目指す方向性や、「学生を育てる」という目的や想いを共有できるよう、教育訓練 (SD) を行う必要があるでしょう。大学の仕事は人と人との繋がりが重要です。多様な職員一人ひとりが未来を担う学生を育てる「場」で働いているという想いをもって、互いに尊重し、日々の仕事を協働することが働きやすい（働きがいのある）職場風土を作り、そして、大学改革にも繋がっていくのです。

実は大学専門のアウトソーシング企業での社員研修の講師をお引き受けしたことがあります。研修対象の社員は各私立大学に派遣されて職員として働いている方々でした。この会社の社長は「大学業務は人と人との繋がりを重視した業務であり、単に事務効率を上げるアウトソーシングにとどまらず、『学生と向き合う』アウトソーシングの仕組みを作ることが会社の使命」と言われています。社員研修は各大学での昼休みの時間を活用したオンラインで行われました。派遣先の業務を配慮しての開催時間です。

講演終了後、参加者から

「派遣先の大学で学生対応を行う中で、いろいろ気づく点があったりするが、派遣先にどのように伝えたらよいか、また、どこまで踏み入れてよいのか悩む」

「派遣先大学が考える学生に対する向き合い方がわからない」

　「大学の目標を理解して仕事をしたいが、日常的に学内情報が共有されない」

　「専任職員と委託職員の壁がある」

　など、多くの貴重な意見を頂戴しました。真剣に、そして学生を主体に考えて日々の業務を行われている様子が伝わってきました。この委託職員の方々は学生と直接対応する部署で仕事をされている方が多いようでしたが、学生対応は非常に重要です。専任か委託職員か、派遣職員かは無関係です。契約形態の壁がなく多様な職員が「学生のために」協働できる大学は、少子化の中でも生き延びていける大学になることでしょう。

5.4.2.　多様な教員に対する FD・SD の必要性

　ところで、多様な契約形態は教員も同様です。専任教員の他、任期付き教員として特別任用教員等の常勤教員や非常勤講師等があります。しかし、学生にとっては、同じ先生であることに変わりはありません。

　また、令和 4 (2022) 年の大学設置基準改正以降はこれまで「一の大学に限る」という専任教員の概念が「基幹教員」と改められることで、設置基準上最低限必要な教員数の算定にあたり、一定以上の授業科目を担当する常勤以外の教員に

ついても一定の範囲まで参入することが認められるように
なりました。

　これまでは専任教員として一つの大学にしか所属するこ
とが出来ませんでしたが、この改正により需要が多い教育分
野の教員は基幹教員として複数の大学に所属することが可
能となりました。基幹教員は「教育課程の編成その他の学部
の運営について責任を担うこと」が条件です。

　ただし、学生に対して教育を行う大学の教員は、各大学の
人材育成目標や 3 つのポリシーに従って作成されたカリキ
ュラムを理解する必要があることは大前提です。雇用形態に
関わらず全ての教員に対する FD・SD は、これまで以上に必
要となると言えるでしょう。

第6章　教職協働の今後の課題

6.1.　職員の役割

　高等教育機関としての大学に対する社会の期待が高まるなか、大学の業務は複雑化、高度化しています。そして、大学が将来にわたって安定的に存続し発展していくために、専門性の高い職員の必要性が指摘されるようになってきています。

　また、これまで管理運営を主たる職務としてきた職員に対しても、従来の職務を超え、教学マネジメント[22]を含めた大学経営を担う人材としての期待が高まっています。

　職員の業務は今後どのように変わるのでしょうか。また、どのように変わるべきなのでしょうか。学事、教務、厚生、就職等の部門では学生との日常的な接点があり、広い意味で

---

[22]　学修者本位の教育ならびに高等教育の質保証を期するような大学運営体制のことです。その内容は広範囲に及び、各大学が責任をもって整備すべきと言われています。

職員は学生に対する教育に関わりを持っています。すでに広義の教育は教員のみでは担えなくなっており、今後益々職員の積極的な関与が必要となるでしょう。

そして、教員が本来業務である教育・研究に専念できる環境を、職員がいかにして作り出すかも問われています。その際、学修の主体者である学生を巻き込んで、教職学協働でどのように大学運営・大学改革を行うかが重要な視点です。

6.2. 専門的職員の必要性

それでは、専門的職員とはどのような職員なのでしょうか。平成 27 (2015) 年の文部科学省の委託調査「大学等における専門的職員の活用実態に関する調査」[23]から考えていきます。

この時の調査は、高度な専門性を有する人材「専門的職員」の活用の在り方に関する各大学の認識や実態等について把握し、今後の施策立案に資することを目的として、専門的職員の活用状況について、アンケート調査並びにヒアリング調査により情報収集が行われました。

---

[23] 文部科学省、2015、「大学における専門的職員の活用実態把握に関する調査報告書」
https://www.mext.go.jp/a_menu/koutou/itaku/__icsFiles/afieldfile/2016/06/02/1371456_01.pdf（2023 年 4 月 19 日アクセス）

　本調査における「専門的職員」とは、調査票に掲げる 24
の職務について、当該職務に関する個人の高い専門性に着目
して配置され、当該職務を主に担当している（複数の職務を
担当している場合はエフォート率が概ね 5 割以上の）職員
を指すとしています。

　調査の結果、専門的職員の現在の配置状況として、全体平
均 50%を超えているのは「学生の健康管理」「図書」「就職・
キャリア形成支援」であり、全体として公・私立大学よりも
国立大学の方が配置割合が高いという結果でした。

　そして、今後（も）配置したい職務としては、「インスティ
テューショナル・リサーチ (IR) 」「執行部補佐」「地域連
携」「就職・キャリア形成支援」「研究管理」、「広報」「情報
通信・IT」が上位でした。

　調査結果については、重要な指摘が多いため、次に紹介し
ます。

6.3.　専門的職員の活用に関する調査結果

　今後、高度専門職の採用者を増やすに際しては、「あらか
じめ大学全体として必要とされる業務や能力の洗い出しを
行い、適切なポストに高度専門職を採用・配置すると同時に、

既存の教職員の担当業務や求められる専門能力、育成方法等についても見直す必要があると考えている」との意見もあり、改めて「職員に求められる能力規定」の策定とともに職能開発を推進していくことの重要性も指摘されていると纏められています。

6.3.1. 求められる職員の能力

　職員に求められる能力規定等は、現在は各大学の人事制度のなかで設けられていることが多いようです。大学の設置形態や規模の特性等から難しいとは思いますが、将来的には教員のように大学設置基準等で示される可能性もあります。
　大学規模や設置主体の特性等を踏まえた柔軟な専門的職員の配置に対する要望についても以下のように纏められています。
　「専門的職員導入の経緯は、大学ごとに固有の事情が存在しうるが、複雑化、高度化していく学内各業務を、将来にわたり安定的に遂行していくことがその導入の目的であると推察する。
　このことは、大学の取り扱う業務が専門分化していく過程にあることを意味すると同時に、専門的職員を活用するための組織力の強化（ミッションの共有、目標管理、役割に応じ

たリーダーシップなど）が必要不可欠である。」

　複雑化、高度化していく学内各業務を、将来にわたり安定的に遂行していくためには専門的職員が必要ということです。
　一方で
　「スペシャリストの確保は必要と感じているものの、小・中規模の学校法人にあっては、人事の硬直を招く恐れがあることから、この課題への対応に苦慮している」
　という意見や
　「新たな高度専門職員の制度設計の検討にあたっては、旧七帝大のような大規模大学ではなく、小規模大学の実情を十分に勘案するとともに、併せてこれらの大学の人材確保に対する支援措置を検討していただきたい」
　との指摘もあり
　「大学規模や設置主体の特性等を踏まえた柔軟な専門的職員の配置に対する要望があがっている」
　とされています。
　小・中規模の学校法人にとっては、どのような職員を採用・育成していくべきか、そして、自大学で確保が困難な場合はどうすればよいかという課題があります。

6.3.2. 審議会答申

　中央教育審議会大学分科会「大学のガバナンス改革の推進について」では、「高度専門職の安定的な採用・育成」に関する答申についても触れられています。

　「学長がリーダーシップを発揮していくためには、大学執行部が、各学部・学科の教育研究の状況を的確に把握した上で、必要な支援を行ったり、あるいは、大学執行部みずからが、全学的な具体的方針を打ち出していくことが前提となる。」

　この答申の中で言われている大学執行部とは誰なのか。また、教育研究の状況を的確に把握するとは、どのような立場の者が必要なデータ整理や状況把握を行うのか。そして、職員はどのようにかかわっていくべきかを、より具体的に考えていくことも大切です。
　この答申では、以下の点も言及されています。

　「リサーチ・アドミニストレーター (URA：university research administrator) やインスティテューショナル・リサーチャー (IRer：institutional researcher)、産学官連携コーディ

ネーター等と、アドミッション・オフィサーやカリキュラム・コーディネーター等の人材を、配置することが考えられる。

　また、その他にも、弁護士・弁理士等の資格保有者、広報人材、翻訳者等、高度な専門性を有する人材（「高度専門職」）を、各大学がその実情に応じて活用し、全学的な支援体制を構築していくことが重要である。」

　そして、つぎのように続いています。

　「これらの職員は、新たな職種となるため、これまでは競争的資金を原資とした任期付き採用となる例が多かった。

　しかしながら、こうした専門性を持った人材は、社会的要請を踏まえた大学改革の推進役として、執行部を直接支えることが期待され、安定的に採用・育成していくことが重要である。」

　今後の職員採用については、どういった能力を有する者を求めるかについて、各大学がしっかりした方針を示して採用計画を立てることになるでしょう。

　一方、既に大学職員として働いている者は、「自分に不足している必要な能力が何か」を、自ら考えて主体的に身に付けていくことも必要です。

6.3.3. 職員研修

　大学は、「自大学として身に付けてほしい職員の能力」を体系的に示し、そのためのプログラムを用意する等、職員に対するキャリア支援（環境整備）を、しっかり行う必要があります。

　また、大学はプログラムを示すだけでなく、職員一人ひとりの相談に応じたり、必要によって助言を行うなどのキャリア支援体制[24] を整えることが必要です。

　私は、大学は研修プログラム等への参加を職員に推奨はするものの、命じるべきではないと考えています。職員一人ひとりが主体的に自身の能力向上に向けて学び、能力を身に付けていくことが大事です。学生に対する人材育成と同じです。職員も主体的に学び、そして一人称で取り組む人材が必要です。

---

[24] 平成 28 (2016) 年 4 月 1 日に施行された改正職業能力開発促進法では、労働者は自ら職業生活設計（キャリアデザイン）を行い、これに即して自発的に職業能力開発に努める立場にあることが規定されました。同時に、この労働者の取り組みを促進するために、事業主が講ずる措置として、キャリアコンサルティングの機会を確保し、その他の援助を行うことが規定されています。
厚生労働省人材開発統括官付参事官付キャリア形成支援室、2019、「「セルフキャリアドック」導入の方針と展開」、
https://www.mhlw.go.jp/file/06-Seisakujouhou-11800000-Shokugyounouryokukaihatsukyoku/0000192530.pdf
（2023 年 4 月 19 日アクセス）

　職員の職能開発については、中央教育審議会「学士課程教育の構築に向けて」の中で、以下の答申が出ています。

　「大学職員に関しては、教員一人当たりの職員数が低下していく傾向にある中、個々の大学職員の質を高める必要性が一層大きくなっている」こと、また「職員に求められる業務の高度化・複雑化に伴い、大学院等で専門的教育を受けた職員が相当程度いることが、職員と教員とが協働して実りある大学改革を実行する上で必要条件」として、「業務には、学術的な経歴や素養が求められるものもあり」、「職員に求められる能力を規定」しつつ「学内外における SD の場や機会の充実」が求められる。

6.3.4.　専門的職員配置に関する取組事例

　調査結果には、「専門的職員」配置に関する先駆的取り組み事例も挙げられています。

　愛知東邦大学では、10 年程度前から職員が順次、自主的に社会人大学院に通学し、学んだことを自分たちの大学で実践、検証、理論化するという PDCA (plan-do-check-act) サイクルを回しています。実践を通じて検証、理論化するという

ことは職員ができる特権ではないでしょうか。

　早稲田大学では、「様々な業務について、職員に求められる能力とは何かを分析し、明確化」し、学内にどのような職務があって、どのような水準のスキルが求められるのか、経営系、政策系、研究支援系、学術系に大分類してスキル基準表として、学内に開示しています。

　このスキル基準表に基づいて、例えば、将来、研究推進に携わりたいと考えた職員が、段階的にどのようなスキルをどのように身に付けていけばよいのか、自分が身に付けるべき研修メニューを計画的に選択しながら能力開発を行えるよう「SDプログラム」もあわせて開発しているということです。

　目指すべき職務にどのようなスキルが必要かを示していることは参考になります。一人ひとりの職員の意欲を高め、組織が発展していくことに繋がることでしょう。

　URAについては、東京大学や広島大学においても、独自のスキル標準や能力開発プログラムを整備して、その能力開発・向上に努めているそうです。

6.3.5.　教職協働体制の実現について

　この調査結果の中では、専門的職員配置に関する答申として、中央教育審議会大学分科会「大学のガバナンス改革の推進について」における「事務職員の高度化による教職協働の実現」についてから、以下の内容が掲げられています。

　「今後、各大学による一層の改革が求められる中、事務職員が教員と対等な立場での「教職協働」によって大学運営に参画することが重要であり、企画力・コミュニケーション力・語学力の向上、人事評価に応じた処遇、キャリアパスの構築等についてより組織的・計画的に実行していくことが求められる。」

　また、中央教育審議会「学士課程教育の構築に向けて」の答申から

　「教員と職員という従来の区分にとらわれない組織体制の在り方を検討すべきであり、教職員の協働関係の確立という観点からは、FDやSDの場や機会を峻別する必要は無く、目的に応じて柔軟な取組をしていくことが望まれる。」
　との抜粋もありました。

事務職員が教員と対等な立場での「教職協働」とは、どのようなことでしょうか。

　教員は教員の、職員は職員の役割分担の中でそれぞれが専門職として責任をもって職務を遂行すること、そして、その前提の上で、互いを尊重し、大学の目標に向かって協働で取り組むことが教職協働ではないでしょうか。

　教職協働で大学運営を行うためには、例えば FD・SD 研修は教員と職員が別々に行うのではなく、一堂に会し行うことがより効果的と考えられます。

　令和 3 (2021) 年 7 月に、ポストコロナ時代の大学ということで、日本私立大学連盟が大学設置基準に関する提案をしています。提案には、「教員と職員の『定義』、『職能』及び『役割』に関する基準を明文化すべきである。」とありました。

　例えば、基準で想定されている専門的職員（第 38 条 3）である司書は図書館機能の多様化に伴って、図書館職員に求められる能力も多様化したため、設置基準の条文は改めて定義しなおすことを提案しています。

　アドミッション・オフィサーやリサーチ・アドミニストレーターなど新たな「専門的職員」が次々に登場している今、

大学が必要とする「専門的職員」独自の定義や職能及び役割について規定することが必要であるとも言われています。

　そして、質保証方策のひとつとして教職協働の推進を目的に義務化された SD スタッフ・ディベロップメントをさらに実質化するためにも、教員と職員の定義や職能及び役割に関する基準を明文化するべきである。

　と纏められています。まさに教職協働は質保証が目的のひとつなのです。

第 7 章　　令和 4 年大学設置基準改正

7.1.　大綱化に次ぐ大改正

　令和 4 (2022) 年 10 月 1 日に大学設置基準の一部を改正する省令が施行されました。今回の改正は、令和 4 (2022) 年 3 月 18 日の中央教育審議会大学分科会質保証システム部会による「新たな時代を見据えた質保証システムの改善・充実について (審議まとめ)」[25]での提言を踏まえて行われたものですが、平成 3 (1991) 年の大学設置基準改正 (大綱化) 以来の大きな改正と言われています。

　この大学設置基準改正は、社会や国民のニーズに迅速に対応可能となるよう大学制度を弾力化・柔軟化するとともに、各大学の自主的な取り組みを尊重することによって大学制

---

[25] 文部科学省中教審大学分科会質保証システム部会、2022、
「新たな時代を見据えた質保証システムの改善・充実について (審議まとめ)」
https://www.mext.go.jp/b_menu/shingi/chukyo/chukyo0/toushin/141136
0_00012.html　(2023 年 4 月 19 日アクセス)

度全体の変革を促すことを目的に改正されたもので、大学設置基準の大綱化といわれており、これにより当時の文部省からの大学に対する規制が大きく緩和されました。

そして、この改正により、大学設置が「事前審査」から「事後評価」へと大きく変化しました。その後、多くの私立大学が新設されましたが、教育の質保証という観点から、問題点も指摘されています。

令和 4 (2022) 年の大学設置基準の改正の趣旨は、「学修者本位の教育の実現」の考え方を質保証システムに反映させることと、必要な情報を社会に公表し社会との対話を進める「社会に開かれた質保証」を図ることの 2 点です。改正にあたっては、これらの趣旨に加えて

①客観性の確保

②透明性の向上

③先導性・先進性の確保（柔軟性の向上）

④厳格性の担保

の 4 つの観点に基づき整理されました。また、それぞれの観点は相互に関係し合うものであることに留意が必要と補足されています。そして、今回の改正の一つに「教育研究実施組織」にかかる規定の整備がなされており、教職協働の実質化の促進と一層の教育研究活動の質向上が期待されています。

7.2.　なぜ大学設置基準を大きく改正したのか

　大学設置基準改正の背景は、ひとことでいうと大学を取り巻く環境の変化と、それに伴い高等教育に求められる質の保証です。平成30 (2018) 年11月26日、中央教育審議会から出された「2040年に向けた高等教育のグランドデザイン答申」[26]での指摘が関連しています。

7.2.1.　大学を取り巻く環境の変化

　2040年は「2040年に向けた高等教育のグランドデザイン答申」が出された年に生まれた子供が大学を卒業する年であり、本答申の概説によると、2040年にはどのような人材が必要とされるのか、社会の変化を前提に考えていく必要があるとしています。そして、高等教育機関には2040年に向けて必要とされる人材を育成する使命があるということです。

　一方、教育のグローバル化の進展によって、国際標準に基づく教育の質保証が求められるようになっています。つまり、高等教育の国際通用性が重要視されるようになっているの

---

[26] 文部科学省中教審、2018、「2040年に向けた高等教育のグランドデザイン（答申）」 https://www.mext.go.jp/content/20200312-mxt_koutou01-100006282_1.pdf（2023年4月19日アクセス）

です。工学教育分野ではワシントン協定 (Washington accord) があり、日本を含め、アメリカ、イギリス、カナダ、オーストラリアなどの 17 か国が参加しています。日本では、日本技術者教育認定機構 (JABEE)が、教育プログラムの審査と認定を行っています。最近では、学生の学修成果つまりアウトカムズに基づいて評価を行うのが国際標準となりつつあります。海外大学と連携協定を結ぶ際にも、国際通用性のある教育の質保証が求められるようになっています。

　また、医学分野でも、国際標準の医療教育が大きな話題となっています。2023 年以降は、国際基準で認定を受けた医学校の出身者にしか、アメリカの外国医学校卒業者認定機関 (ECFMG) の申請資格が与えられないことになったからです[27]。この国際標準の教育プログラムの認定は、日本医学教育評価機構 (JACME) が担っています。

　このように、高等教育には、国際通用性が求められており、グローバルな視点からの質保証が必要となっているのです。

7.2.2.　予測不可能な社会の変化

　現代は予測不可能な時代ともいわれており、このような時代を生きる人材像として、基礎的で普遍的な知識・理解、汎

---

[27] コロナ禍の影響で、2024 年に延期になっています。

用的技能に加えて、時代の変化に合わせて積極的に社会を支え、論理的思考力を持って社会を改善していく資質を有する人材が期待されています。

　そのため、高等教育には「個々人の可能性を最大に伸長する」教育への転換が期待されています。学修者本位の教育への転換として、学生が「何を学び、何を身に付けたか」が問われており、学修成果の可視化が求められています。

　変化の激しい、また、予測が困難な時代における学修者は、「主体的」「能動的」に学び、そして「生涯学び続けられる人」となることが求められているのです。そして、「主体的な学び」の質を高めるシステムの構築や学修者が生涯学び続けるための多様で柔軟な仕組みと流動性も高等教育機関には求められています。

7.2.3.　予測可能な社会の変化

　一方、2040 年の人口動態は予測できています。令和 4 (2022) 年に生まれた日本の 18 歳人口は 77 万 747 人[28]となり、過去最少で初の 80 万人割れとなります。平成 30 (2018)

---

[28] 厚生労働省、令和 5 (2023) 年 6 月 2 日公表、令和 4 (2022) 年人口動態統計月報年計（概数）
https://www.mhlw.go.jp/toukei/saikin/hw/jinkou/geppo/nengai22/dl/kekka.pdf（2023 年 7 月 31 日アクセス）

年 11 月に出された「2040 年に向けた高等教育のグランドデザイン答申」時は 2040 年の 18 歳人口を 88 万人と予想していましたが、予想は外れ大きく下回っています。少子高齢化は加速し人生 100 年時代到来ともいわれます。高齢者から若者まですべての国民に活躍の場がある社会となることが予想され、長い人生をより充実したものとするためには、社会人となってからも生涯学び続ける「学び直し」が大切であり、大学等には性別や年齢にかかわらず高いスキルを身に付けられる環境を整備していくことが求められます。

　国連が提唱する持続可能な開発のための目標 (SDGs) は、「誰一人取り残さない」という考えの下、すべての人が平和と豊かさを享受できる社会を目指しています。そして、知識を共有・集約することで様々な社会課題を解決し、新たな価値が生み出される社会である知識集約型社会の到来が予想されています。また、グローバル化は今よりも一層進み、人材の流動化や人材獲得競争の激化が予想されています。一方、地方創生が目指すべき社会は、都市に出なければ教育機関や働く場所がないということでなく、地域で永続的な営みができる社会を実現することが期待されています。

　大学はこれらの課題に教育と研究を通じて向き合い、イノベーションを創出する基盤になることが期待されています。そのためにも教育・研究についての説明責任を果たし、「強

み」と「弱み」を社会にわかりやすく発信していくことが重要とされています。

7.3.　求められる学びの質保証の再構築

　入学した学生が、何を学び、何ができるようになったか、卒業時における「学修成果の可視化」が求められていますが、更に卒業後の成長も意識した質の向上を図っていく必要があると指摘されています。

　大学教育の質保証については、改善に積極的に取り組む大学と改善の努力が不十分な大学とに二極化しているという指摘もあります。大学の個性が発揮できる多様で魅力的な教員組織や教育課程があるか等、学修者本位の質保証について、公費を投入するに値する質の教育を行っているか、説明責任が求められています。

7.4.　大学が行う「教育の質保証」と「情報公表」

　「2040 年に向けた高等教育のグランドデザイン答申」には、「教育の質保証や情報公表に真摯に取り組まない大学は、

社会からの厳しい評価を受けることとなり、その結果として撤退する事態に至ることがあり得ることも覚悟しなければならない。」との極めて厳しい指摘がなされています。この「社会」には、日本だけでなく世界も含まれることになります。国際標準の評価も重要になっています。

　大学の教職員は、一人ひとりがこの指摘を自分事として捉え、覚悟を持って学びの質保証と質向上に向け、たゆまぬ教学改革を推進していくこと、そして、わかりやすい学修成果の可視化と積極的な情報公表を促進していくことが必要です。

　なお、情報公表については、学校教育法第 113 条で「大学は、教育研究の成果の普及及び活用の促進に資するため、その教育研究活動の状況を公表するものとする」とされています。また、学校教育法施行規則第 172 条の 2 において規定する事項を公表することが義務付けられているとともに、第 4 項において学生が修得すべき知識及び能力に関する情報を積極的に公表することが努力義務となっています。

　文部科学省は、毎年「大学における教育内容等の改革状況について」調査結果を公表していますが、令和 3 (2021) 年 10 月から令和 4 (2022) 年 1 月までに調査を実施した令和 2

年度の調査結果[29]によると、「教学マネジメント指針」におい
て社会からその公表が強く求められている項目等の公表に
ついては、十分とは言えない状況にあると分析されています。
　具体例として、
・学生の学修時間を公表している大学　約46%
・大学の教育研究活動を通じた学生の成長実感を公表し
　ている大学　約35%
・教員一人当たりの学生数を公表している大学　　約64%
と挙げられておりますが、これら社会から求められている
項目等については、職員が中心になって自大学の状況を把握
し積極的にわかりやすく公表を進めることが必要です。

7.5.　国が行う「質保証システム」の改善

　我が国の質保証に係る制度は、大学の設置認可による大学
設置時の質保証、認証評価（国の認証を受けた機関（認証評
価機関）が行う大学評価）等による設置後の教育研究活動に
対する様々な大学評価による質保証の組合せにより成り立

---

[29] 文部科学省、2023、「令和2年度の大学における教育内容等の改
革状況について（概要）」https://www.mext.go.jp/content/20230117-
mxt_daigakuc01-000025974_1r.pdf（2023年6月21日アクセス）

っています。設置認可と認証評価は、昭和 31 (1956) 年に制定された大学設置基準を前提として行っています。大学設置基準については、時々の状況の変化を受けて改正は順次行われてきましたが、2040 年に向けた高等教育の課題と方向性を踏まえ、設置基準を時代に即したものとして、抜本的に見直しの必要があると指摘されました。合わせて、認証評価制度については、より効率的・効果的で実質的な改善につながる評価となるよう、他評価の活用や受審期間の見直し、大学評価基準に適合しているか否かの認定の義務付けなどについて提言がなされました。

7.6. 大学設置基準改正と教職協働のあり方

大学設置基準では、教員組織として教員の役割分担、連携体制、責任の所在について規定し、事務組織や厚生補導の組織や教員と事務職員等の連携及び協働については別途規定されていましたが、令和 4 (2022) 年の改正により必要な教員及び事務職員等からなる教育研究実施組織の編制など、教員と事務職員等の関係を一体的に規定されました。

学生は、授業による教育だけでなく、課外活動等も含めた厚生補導（修学、進路選択、心身の健康等に関する支援）と

合わせて成長するもので、これらを含めた総合的な支援が大学の使命であるということです。

　今回の改正でこの趣旨が一層明確になりましたが、これにより教育研究活動から厚生補導まで含めた教職協働の実質化が促進され、より一層の教育研究活動の質向上が期待されると考えられています。

　教育研究実施組織等の改正の目的は、学位プログラムの実施や見直しなどの教育研究活動にあたっての大学の組織機能の明確化や教員と事務職員相互の役割分担、協働、責任の明確化です。

　また、大学設置基準で示された「教育研究実施組織」の組織は、"organization" ではなく、"system" を指すものと説明されています。単純に大学に新たな組織の設置を求めているものではありません。

　改正の背景には、教員と職員それぞれの意識の問題があると考えられています。教員が多くの業務を抱え、教育・研究という本来の職務に専念できない現状や、教員と職員が互いを尊重する意識が十分でなく事務職員が広く大学運営に関われていないという問題です。

　形式的組織ではなく実態としての教職協働と、教職協働による教育の質保証が求められているのです。教職協働は手段であって目的ではありません。日本の将来のために学生をい

かに育てるか、たゆまぬ教育改革による人材育成が目的です。そのために教員と職員はそれぞれの役割と責任において、どう分担して協働していくかということです。

大学設置基準　令和 4 (2022) 年の改正（抜粋）

（教育研究実施組織等）

　第七条　大学は、その教育研究上の目的を達成するため、その規模並びに授与する学位の種類及び分野に応じ、<u>必要な教員及び事務職員等からなる教育研究実施組織を編制</u>するものとする。

　2　大学は、教育研究実施組織を編制するに当たっては、当該大学の教育研究活動等の運営が組織的かつ効果的に行われるよう、<u>教員及び事務職員等相互の適切な役割分担の下での協働や組織的な連携体制</u>を確保しつつ教育研究に係る責任の所在を明確にするものとする。

　3　大学は、学生に対し、<u>課外活動、修学、進路選択及び心身の健康に関する指導及び援助等の厚生補導</u>を組織的に行うため、<u>専属の教員又は事務職員等</u>を置く組織を編制するものとする。

　4　大学は、教育研究実施組織及び前項の組織の円滑かつ効果的な業務の遂行のための支援、大学運営に係る企画立案、当該大学以外の者との連携、人事、総務、財務、広報、

情報システム並びに施設及び設備の整備その他の大学運営に必要な業務を行うため、<u>専属の教員又は事務職員等を置く</u>組織を編制するものとする。

　第 5 項以下、（略）

7.7.　指導補助者について

　大学設置基準では、大学は、主要授業科目については原則として専任の教授又は准教授に、主要授業科目以外の授業科目についてはなるべく専任の教授、准教授、講師 又は助教に担当させることのみが規定されていましたが、令和 4 (2022) 年の改正により、当該大学の学生その他の大学が定める者に授業を補助させることができる旨などが確認的に規定されました。

　これは、TA などの授業への参画が促進され、学生へのより手厚い指導体制が確保されることにより、より一層の教育の質向上が期待されているためです。

　また、背景としては、忙しすぎる日本の教員の研究時間や学術論文の減少を何とか食い止め、日本の研究力の強化に繋げたいという考えもあります。

　一方、教育の質保証には学修の当事者である学生が主体的

に学ぶ必要があり、学生がその気になることが必要です。指導補助者として大学設置基準に規定することにより、学生の学びへの主体性と責任感がより醸成されるのではないでしょうか。教職協働でなく学生も交えた教職学協働が教育・学修の質保証と大学改革には必要です。

大学設置基準　令和4 (2022) 年の改正（抜粋）

（授業科目の担当）　第八条

3　大学は、各授業科目について、当該授業科目を担当する教員以外の教員、<u>学生その他の大学が定める者（以下「指導補助者」という。）に補助させることができ</u>、また、<u>十分な教育効果を上げることができると認められる場合は</u>、当該授業科目を担当する<u>教員の指導計画に基づき、指導補助者に授業の一部を分担させることができる。</u>

7.8.　FD・SD 関係規定の集約

　令和4 (2022) 年の大学設置基準改正により、質保証の観点から、授業を補助させること等ができる当該大学の学生その他の大学が定める者について、研修を実施することを新たに義務付けています。また、教職協働の促進の観点から、改

正前の大学設置基準上では離れた位置に規定されていた
FD・SD 関係の規定も集約されました。

　質保証を実質的に担うのは、個々の教職員です。私は以前
より FD・SD は教員と職員が共に行うことが大事と考えて
いましたが、教員と職員を分けて FD・SD を行っていた大学
も多いようです。

　今回の大学設置基準改正で FD・SD 関係が一体的に明示
されたことにより、質保証を担う教職員が共に研鑽し能力を
向上させること、また、内部質保証の考え方を共通理解とし
て教職協働により一層の質向上に取り組むことが期待され
ています。

　あわせて、TA 等の学生に対する研修も組織的に行うこと
がこの条文で一体的に整備されました。この点も意義のある
ことです。

大学設置基準　令和 4 (2022) 年の改正（抜粋）

（組織的な研修等）

　第十一条 大学は、当該大学の教育研究活動等の適切かつ
効果的な運営を図るため、その教員及び事務職員等に必要な
知識及び技能を習得させ、並びにその能力及び資質を向上さ
せるための研修（次項に規定する研修に該当するものを除
く。）の機会を設けることその他必要な取組を行うものとす

る。

　2　大学は、学生に対する教育の充実を図るため、当該大学
の授業の内容及び方法を改善するための組織的な研修及び
研究を行うものとする。

　3　大学は、指導補助者（教員を除く。）に対し、必要な研
修を行うものとする

7.9.　重要なのは教職員の意識

　令和 4 (2022) 年の大学設置基準改正により、教職協働に
関する規定も大きく改正されましたが、制度だけでなく、教
職員の意識改革も重要です。

　設置基準改正により制度や仕組みが整っても、それを運用
する個々の教職員の意識によって大学改革の進め方に変化
が生じるからです。いまでも教職協働を掲げている大学は、
数多くありますが、質保証や質向上に対する意識の差によっ
て、大学間格差が生じています。

　さらに、大学が社会変革の駆動力となっていくためには、
大学の経営面や教育研究活動を支える大学運営の専門職で
ある事務職員が果たす役割はきわめて大きいとされていま
す。事務職員には、置かれている状況と期待される役割を認
識し、変革を促す姿勢と実行力が求められています。

第 8 章　大学経営人材の育成

　本書の主題である「教職協働」は、あくまでも手段であり、目的ではありません。しかし、大学改革をうまく進めるためには、「教職協働」は不可欠です。

　そして、大学経営を担うトップ層が、その重要性を理解したうえで、みずから、教員と職員の協働を促し大学運営に臨むことがとても重要です。

8.1.　大学経営を支える人材

　大学のトップが変わったことで、それまでうまく回っていた大学施策の継続性が失われたり、教職協働が停滞する事例もあります。これは、ある意味、大学という組織の宿命でもありますが、大学経営が厳しい現在では、ひとが変わっても、組織として進めてきた施策や、改革の方向性を継続できる体制でなければなりません。

　私立大学においては、「建学の精神」を尊重しながら、時代の変化に合わせた大学改革を断行し、これを次世代、次々世代へと連鎖的に繋いでいくことが重要です。そのためには、大学改革を先導する「大学経営人材」の役割が重要になってきます。そこで、大学経営を支える人材とは、どのような人材かについて考えます。

8.1.1.　大学経営人材の資質

　そもそも大学においては、限られた資源を、どう最大に活用し、より優れた教育研究を実現させるかという中心課題があります。よって、その実現に向かって法人運営を行うことのできる人材が、求められる経営人材となります。

　一方、大学においては、学生に対する教育研究を通して人材育成を行うことが重要な使命であり、組織として「教学マネジメントを主導できる人材」も大学経営には求められます。

　教育・学修の質保証がおろそかとなると、大学の評判も落ち、学生募集も困難になります。特に、私立大学においては、収入の大半である学納金の確保が困難になってくるからです。

　つまり、大学経営人材には、限られた資源であるヒト、モノ、カネを有効に活用するとともに、組織的な教育研究体制

を確立し、よりよい教育研究を通して人材育成を進めること
ができる能力が求められます。

　そのためには、理事会と教学部門の連携も必要となります。
理事会は、教学部門が適切な教育研究を実施できるような支
援を行うとともに、学長の下で適切な教学マネジメントが行
われているかについてチェックする必要があります。

　そして、大学経営は、理事会だけでなく、大学全体が責任
をもって進める必要があります。その際、重要なのは、大学
の運営は、教員だけで行うものでも職員だけで行うものでも
なく、教員と職員が協働で行うことが基本です。まさに、教
職協働です。

8.1.2.　組織的研修

　ただし、あくまでも教員の本来の職務は教育と研究です。
教員の多くは大学経営に興味をもって参画しているわけで
なく、一定の年齢に達したので、ある程度は、やむを得ない
と覚悟して、大学に協力しているという状況が多いのではな
いでしょうか。

　本来、大学経営は、教学マネジメントを含めた俯瞰的な視
野を持つ専門家によって推進することが望ましいです。社会
からの大学に対する要求は高まっており、とても、教員の片

手間でできるレベルではなくなっています。

　一方、大学の教育・研究の内容を知らない者が教学マネジメントを担うことも現実的でありません。大学の業務に精通した教員の一定数の参画は必要です。

　その場合には、大学経営に必要な専門的知識を、いかに身に付けてもらうか、そして、業務負担を抑えつつ大学経営にどのように関わってもらうかが課題になります。そのため、大学経営人材として必要な知識を、組織的な研修で習得できる体制の確立も重要となります。

8.2.　ミドルマネジメント人材が改革のカギ

　教学マネジメントの確立には、ミドルマネジメント人材（教職員）の存在も重要となります。大学のトップ層だけでは、大学運営はできません。

8.2.1.　ミドルマネジメント人材

　ミドルマネジメント人材とは、学長（教学経営責任者）のリーダーシップを支える人材で、学部長や大学院研究科長、また、教学部門の事務管理職等が該当します。大学の発展の

ために、なにをすべきかを自ら判断できる、まさに大学改革のカギを握る人材です。

　大学によっては、学部に所属する学科等の長を持ち回りで任命する大学もあります。教員にとっては、学科長は雑用であり、持ち回りで担当を決めるという場合もあります。しかし、大学運営の重要性を認識しないまま学科長に就くと、組織運営に支障をきたし、場合によっては、大学としての教学マネジメントが困難となります。これでは、ミドルマネジメントとは言えません。

　教学マネジメントの中心課題は、「予測困難な時代を生き抜く自律的な学修者を育成する」ことと言われています。そして、そのためには、学修者本位の教育への転換が必要であり、大学が組織として教学マネジメントを重視していく必要があります[30]。大学経営は、アマチュア経営者によるものではなく、専門知識をもった専門家が行う時代になっているのです。

8.2.2.　組織体制の確立

　冒頭でも紹介しましたが、大学のトップが変わると、それ

---

[30] 文部科学省中央教育審議会大学分科会、2020、「教学マネジメント指針」、https://www.mext.go.jp/content/20200206-mxt_daigakuc03-000004749_001r.pdf（2023 年 4 月 20 日アクセス）

までの方針が大きく変わったり、大学改革が停滞することがあります。これは属人的な取り組みで大学が運営されているためです。その結果、大学経営の継続性が得られない事態に陥ってしまうのです。

　大学を取り巻く環境や高等教育政策等は、めまぐるしい速度で変化しています。この変化に対応しながら、一方で、「教育研究を通して人材を育成する」という不偏の使命を全うする組織体制の確立が大学経営人材には求められます。アマチュア経営者が育つまで待つという悠長なことはできません。

　大学に対する評価は、長期的には、学生が大学を卒業して社会で活躍することで得られると言われます。しかし、それを待っていると、大学はあっという間に淘汰される時代となっているのです。

　大学の組織としての施策の継続性については、職員力が重要となります。基本的に職員は退職等異動がなければ変わりませんので、大学の動きを止めないための鍵を職員が握っていると言えます。

　職員力を発揮するためには、職員一人ひとりが、自分たちの職務を一人称で考え、そして実行できる環境がまず大切です。その際、大学の使命がなにかを理解していることも重要です。大学は、教育研究を通して人材を育成する場であり、学生が主体であることを肝に銘じ、学生のためになることを

行うという基本を共有することです。その際、教育研究を担う教員の職務を尊重し、協働していくことが重要なのです。このような思いを持つ職員が多くいれば、大学運営はうまくいくはずです。

8.3.　ミドルマネジメント人材育成

　大学改革のカギを担うのは、大学経営を支えるミドルマネジメントといわれます。ミドルマネジメント人材の育成には教員と職員の双方を対象とした計画的な教育研修 (SD) が必要となります。

　教員の職務の中心は、教育研究です。大学運営はメインではありません。このため、職員を対象とした SD は、ある程度充実していましたが、教員を対象とした大学経営人材養成のための SD は十分ではありませんでした。

　しかし、大学改革のカギを担うミドルマネジメント人材育成は、職員はもとより"この人は"と思う幹部候補生の教員に対しても計画的に育成する期間を設ける必要があります。

　そして、SD 研修は、教員と職員に対して別々に行うのではなく、共に行うことがとても重要です。例えば、大学の課題に対して教員と職員が共に考え、ディスカッションを行う

研修などが挙げられます。こうすれば、互いの考えも理解でき、職務の違いを理解しつつ互いの立場を尊重する姿勢が醸成されます。その結果、教職協働による大学改革が継続性をもって進んでいくことでしょう。

　実は、国立大学においては、大学経営人材の育成の重要性が、すでに指摘されており、計画的な人材育成も行われるようになっています。次節では、それを紹介します。

8.4.　国立大学におけるガバナンス・コードと 経営人材育成

　国立大学では、国立大学法人ガバナンス・コード[31] に経営人材育成方針があります。各国立大学は、これにより方針を策定し、明示しています。

　なお、公立大学、私立大学においてもガバナンス・コードを策定していますが、主に職員を対象とした人材育成方針となっています。

---

[31] 文部科学省・内閣府・国立大学協会、2020（2022 改訂）、「国立大学法人ガバナンス・コード」、6、
https://www.janu.jp/wp/wp-content/uploads/2022/03/20220331-wnew-governance.pdf（2023 年 4 月 20 日アクセス）

これに対して国立大学は、教員も対象としている点が特徴的です。ここでは国立大学を参考に大学経営人材育成について考えていきます。

　教学運営の体制構築と法人経営を行う人材の確保並びに計画的な育成に関しては、国立大学ガバナンス・コードに以下のような記載があります。

〈**国立大学法人ガバナンス・コード**（抜粋）〉

【**原則 1-3** 自主的・自律的・戦略的な経営（人事、財務、施設等）及び教学運営（教育・研究・社会貢献）の 体制構築】

　国立大学法人は、ミッションを実現するため、国からの運営費交付金を重要な財政基盤として、国立大学法人法等に基づき、人的・物的資源等の戦略的な資源配分を基に経営するとともに、教育・研究・社会貢献機能を最大限発揮できる教学運営を実施するための体制を構築すべきである。

【**原則 1-4** 長期的な視点に立った法人経営を行う人材の確保と計画的な育成】

第 8 章　大学経営人材の育成

　国立大学法人は、社会に対して継続的に役割を果たしていけるよう、経営に必要な能力を備える人材や、教学面の先見性や国際性、戦略性を有する人材を、長期的な視点に立って、確保するとともに計画的に育成すべきである。

　このガバナンス・コードに対して、各大学は「経営人材育成・確保方針」を策定し公表していますが、ホームページで閲覧した中から参考になると思われる大学をいくつか纏めてみました。

国立大学法人の経営人材育成・確保方針

※各大学の HP より抜粋し筆者作成

（2023 年 4 月 30 日アクセス）

北海道大学　　　令和 3 (2021) 年 5 月 26 日

経営人材

　教員・職員を総長補佐に任命

　教職協働を推進するため、職員が運営に係る会議参画

人材育成

　総長や理事による経営や教学面に関する意見交換・研修実施

職員には高度かつ専門的な SD 実施

人材確保等

理事等には産業界・関係自治体からの外部人材を積極的に登用

若手、女性、外国人教職員雇用の促進

フォローアップ

総長、理事は総長補佐の職務遂行状況を随時確認

山形大学　　　令和 3 (2021) 年 11 月 25 日

経営人材

学長補佐制度導入

教職員を学長や理事等の特別補佐に任命

人材育成

学内外における研修や学外専門家における指導・助言機会の活用

人材確保等

学長補佐は各部局から推薦された教員

フォローアップ

学長、学長が指名する理事・事務部長等は連携して経営人材育成状況を確認

東京大学　　　　令和3 (2021) 年3月18日

経営人材

　教員：総長補佐、総長特任補佐、全学委員会構成員

　職員：法人経営に関する企画立案・問題解決、意思決定
の過程に参画

人材育成

　学内外における研修、啓発機会への参加

人材確保等

　メンターの活用：法人経営に必要な知識経験を有する者
を特命教授として配置

フォローアップ

　総長、総長が指名する理事、経営企画部長、人事部長等
は連携して法人経営人材の育成状況を確認

横浜国立大学　　　　令和3 (2021) 年6月24日

経営人材

　理事、副学長、学長補佐

人材育成

　ダイバーシティを踏まえ計画的に育成

　研修・多様な啓発の機会に積極的参加

　事務職員は文部科学省等他機関へ出向、<u>教職協働推進</u>の
ため意思決定の過程に参画

人材確保等

　学長補佐に中堅・若手・女性教員を積極的登用

九州大学　　　　令和3 (2021) 年2月18日

経営人材

　副学長、副理事、総長補佐

人材育成

　国立大学協会主催等研修や国内外研修プログラム受講機
会を積極的提供

人材確保等

　多様な経歴を持つ者等の積極的採用

　なお、国立大学ガバナンス・コードの「経営人材確保方針」
に該当する公立大学のガバナンス・コード[32] は、以下にな
ります。

〈**公立大学ガバナンス・コード**（抜粋）〉

【**原則** 1-3　自主的・自律的・戦略的な経営及び教学運営の

---

[32]　一般社団法人公立大学協会、2023.1.30、公立大学ガバナンス・
コード（第1版）、　https://www.kodaikyo.org/wordpress/wp-
content/uploads/2023/02/gvcode_v1.pdf（2023年4月30日アクセス）

体制構築】

　公立大学は、ミッションを実現するため、設置自治体からの運営費交付金等を重要な財政基盤としていることから、大学内部の人的・物的資源等を戦略的、効率的、効果的に配分するとともに、教職協働により教育・研究・地域／社会貢献機能を最大限発揮できる教学運営の体制を構築する。

　【**原則** 1-4 多様な人材の確保と高度な専門性を有する人材の計画的な育成】

　公立大学は、社会に対する役割を継続的に果たしていけるよう、性別や国際性などの観点から多様な人材を確保するとともに、大学経営に必要な能力を備える人材や、教学面の先見性・戦略性を有する人材、地方自治制度や高等教育制度に精通する人材等、高度な専門性を有する人材を長期的な視点に立って計画的に育成する。特に、大学運営の重要な担い手である事務職員については中長期的な人材育成計画や人事異動方針等を策定する。

8.5. 経営人材育成方針策定と大学経営の継続性

　前節の 8.4. で主に国立大学における経営人材育成方針を

紹介しました。私立大学はその独自性と多様性が保証されており、ガバナンス・コードも国立大学法人と比較すると違いがあります。しかし、設置形態が異なりますが、大学経営の継続性に責任を持つ必要があることは言うまでもありません。

　教育・学修の質保証と質改善を推進し、将来に責任をもちつつ大学経営を継続していくには、教員と職員を対象とした「大学経営人材育成方針」を策定し、それを公表することが必要です。そして、その方針に従い、「大学経営人材」を計画的に育成し能力を最大限に発揮させることが、教職員一人ひとりのやる気とやり甲斐となり、その結果、大学経営が高度化され、大学が継続していく好循環に繋がることでしょう。

8.6.　私立大学におけるガバナンス・コードと
職員人材育成方針

　私立大学では、教員に対しての経営人材育成研修 (SD) は殆ど見られないのですが、職員に対してはガバナンス・コードの作成が求められる以前から多くの大学が方針や研修制度を立て、SD を実施しています。

　私立大学は、日本私立大学連盟と日本私立大学協会からガ

バナンス・コードの指針が示されており、各大学はそれぞれ
が加盟する団体の指針に基づき、ガバナンス・コードを策定
して公表しています。

　参考まで、次に人材育成方針に相当するガバナンス・コー
ドを抜粋しましたが、多くの私立大学は具体的な人材育成方
針をガバナンス・コードで公表するのではなく、上述したよ
うにそれぞれの大学の研修制度等で策定しています。

〈日本私立大学連盟ガバナンス・コード[33]〉

【基本原則「1.　自律性の確保」】
　会員法人は、私立大学としての多様な教育研究活動を実現
するため、それぞれの寄附行為、建学の精神等の基本理念に
沿って、自主性、独立性を確保すると同時に、自律的に学校
法人を運営する必要がある。

●**実施項目** 1-1
　③　中期計画等に教学、人事、施設及び財務等に関する事
項を盛り込む。

---

[33]　一般社団法人日本私立大学連盟、2023.2.28、「私立大学ガバナン
ス・コード」【第 1.1 版】、
https://www.shidairen.or.jp/files/user/Shidairen_Governance_Code_ver.
1.1.pdf（2023 年 5 月 1 日アクセス）

④　中期計画等において、理事長をはじめ政策を策定、管理する人材の育成、登用の方針を盛り込む。

〈日本私立大学協会ガバナンス・コード[34]〉

第 4 章　公共性・信頼性
（ステークホルダーとの関係）

4-2　教職員等に対して

(2)　ユニバーシティ・ディベロップメント：UD
全構成員による、建学の精神・理念に基づく教育・研究活動等を通じて、私立大学の社会的価値の創造と最大化に向けた取り組みを推進します。

①　ボード・ディベロップメント：BD

ア　常任（勤）理事は、寄附行為等関連規定並びに事業計画等に基づく責任担当事業領域・職務に係る PDCA を毎年度明示します。

イ　監事は毎年度策定する監査計画と監査報告書を理事会

---

[34] 日本私立大学協会　私立大学基本問題研究委員会・大学事務研究委員会、平成 31 年 3 月 28 日、日本私立大学協会憲章「私立大学版　ガバナンス・コード」〈第 1 版〉、
https://www.shidaikyo.or.jp/apuji/pdf/201907_apuj_gc.pdf
（2023 年 5 月 2 日アクセス）

並びに評議員会に報告します。

② ファカルティ・ディベロップメント：FD

ア　3 つの方針（ポリシー）の実質化と教育の質保証の取り組みを推進するため、教員個々の教育・研究活動に係る PDCA を毎年度明示します。

イ　教員個々の教授能力と教育組織としての機能の高度化に向け、学長のもとに FD 推進組織を整備し、年次計画に基づき取り組みを推進します。

③ スタッフ・ディベロップメント：SD

ア　全ての教員・事務職員等はその専門性と資質の向上のための取り組みを推進します。

イ　SD 推進に係る基本方針と年次計画を定め、計画的な取り組みを推進します。

ウ　教職協働に対応するため、事務職員等としての専門性、資質の高度化に向け、年次計画に基づき業務研修を行います。

8.7.　私立大学における職員人材育成

多くの私立大学では職員人材育成方針を定め、階層別研修、

テーマ別研修、OJT、ローテーションによる人材育成、自己啓発研修、キャリアデザイン研修、外部研修への参加、大学院在学研修などにより職員に対する人材育成 (SD) を行っています。非常に恵まれていますが、研修は機会を与えられて参加するものでなく、自ら学ぶ意欲をもって主体的に参加するものです。

大学を取り巻く環境は常に変化しています。予測困難な時代を生き抜く自律的な学修者の育成が高等教育機関には求められていますが、実は、職員にも同様の「自律的学修」が必要です。

受け身ではなく、大学経営を支えるために自分は何を身に付けるべきかを考え、それを実践に活かす必要があります。もちろん、それは管理職であっても同じです。どのような立場であっても常に初心にかえって学び続ける姿勢が必要なのです。

さらに、学んだことはそのままにせず、教職員間で共有し、良い点は直ぐに学内で実践することも重要です。この時が、ミドルマネジメント人材が力を発揮するときです。このように学んだことを自分の大学に持ち帰り実践できるのは職員の醍醐味です。また、これが可能となるのは、大学という組織の特徴でもあります。

職員が自ら学び、学んだことを実践することにより、当事

者意識、責任感、モチベーションや働き甲斐・やり甲斐が得られ、その結果、「個と組織の成長」を促し、大学改革にも繋がっていくこととなるでしょう。

　ここで、職員が多くのことを学べる場として、大学行政管理学会を紹介します。

8.8.　大学行政管理学会 (JUAM)

　大学行政管理学会 (Japan Association of University Administrative Management : JUAM) [35] は、平成 9 (1997) 年 1 月 11 日に設立され、平成 29 (2017) 年 3 月 1 日に一般社団法人に移行しました。会員は大学職員が中心であり、発足時には 350 名の会員でしたが、令和 4 (2022) 年 6 月 30 日時点では 1,160 名という規模になっています。

　JUAM は、プロフェッショナルとしての大学行政管理職員の確立を目指して、まずは「大学行政・管理」の多様な領域を理論的かつ実践的に研究すること目的としています。さらに、これら活動を通して、全国の大学横断的な「職員」相互の啓発と研鑽を深めるための専門組織となっています。

---

[35] 大学行政管理学会ホームページ、https://juam.jp/wp/im/juam/（2023 年 5 月 3 日アクセス）

そして、「『教員自治』の伝統的大学運営をいかに『近代化』できるか」という創設時からの JUAM の趣旨は、現在でも全く色褪せることなく、むしろ益々発展しつつあります。

　JUAM 会員の職員は、所属が競合大学であっても互いに研鑽を深め、それぞれが自分の大学を良くしていこうという高い意識があります。元々 JUAM は個人の意思で加入することが基本であり、職場の上長等からの指示で会員となるケースの方が少ない状況です。

　研究会等も勤務時間外での活動になります。自ら自律的に学び続け、自己研鑽に務め、その結果、学外のネットワークが作られています。このような職員のネットワークは、「大学を超えた職職協働」に繋がっていきます。JUAM の趣旨である全国の大学の横断的な職員相互の啓発と研鑽を深めており、我が国の高等教育の質保証と質向上を推進できる「大学経営人材」となることでしょう。

8.9.　JUAM 創設の背景

　初代副会長の村上義紀氏によると[36]、JUAM 設立当時は 21

---

[36]　村上義紀、大工原孝、2020、「大学職員はどこから来て、どこに行くのか（対談編）」、特定非営利活動法人学校経理研究会、96-111

世紀を前に社会は大きな変化を迎えている時代であり、大学も例外でなく、大きな変革が求められていました。高等教育では大学設置基準の大綱化も行われました。

　また、グローバル化、情報化、人々の価値観やライフスタイルの変化等、これら社会の変化に対応し生き残りをかけた大学改革が潮流となっていた状況がありました。

　さらに18歳人口の減少も叫ばれる中、大学職員が高度化しなければ世界の大学関係者に相手にされないという危機感が、創設時の3人のメンバーに大きくあったそうです。

　大学の情報公開でも職員の顔が見えないため、海外から日本の大学を見ると、アドミニストレーターの存在がないと思われるに違いなく、これでは世界の大学とは競争できないという危惧があったそうです。

　そのような時代を背景に、大学は「運営」するもので「経営」という言葉を忌避する雰囲気があった時代に、あえて職員を中心とした「学会」を作ることになったそうです。

　大学職員が大学行政・管理を研究する学会を創るにあたっての申し合わせ事項の殆どは現在も継続されています。当初は会員も課長職以上の管理職者に絞られていました。後にこの制限は外されています。設立時に会員を管理職に限定した理由は、通信手段が郵便とFAXの時代であったため、運営に支障が生じないようにという配慮だったそうです。

平成 9 (1997) 年 2 月 10 日発行の「学会事務局だより」第 1 号をみると、e-mail アドレス所有会員は約 100 名ほどでした。そして、アドレスを持ってない会員には、学内で e-mail アドレス所有会員がいたら間接的な連絡窓口として「〜気付 e-mail」というような形で活用できるようにして欲しいというお願いが書かれていました。隔世の感があります。また、事務局はボランティアであり大変な苦労のもと運営を始めた様子がわかります。一方で、会員は大きな使命感を持って学会活動に参加していたことは確かです。

第9章　大学における多様性と
男女共同参画推進

9.1.　多様性はなぜ必要なのか

　第1章では、VUCA の時代と言われている現代において、我が国は急速な少子高齢化に直面しており、経済の活性化や技術革新を担うイノベーション人材の育成が急務であることを紹介しました。そして、これを国が積極的に進めるには大学の役割が重要であるということも紹介しました。

　イノベーションの創出には、「多様性」が重要と言われています。そして、イノベーション人材の育成には、多様性に富んだ環境での教育が重要とも言われています。

　一方で、本書の主テーマは教職協働ですが、その実質的な推進のためには、「教員と職員の役割に違いがあることを認識し、互いの立場を尊重したうえで、互いを高めあう存在になること」が重要であることを指摘しました。この考えは、まさに多様性の受容そのものの考え方です。つまり、教職協

働が進んでいる大学においては、多様性が尊重されているものと考えられます。

　そこで、本章では「多様性」の視点から改めて大学の役割について考えます。少子高齢化が進み、多くの社会課題を抱える日本においては、多様な人々が年齢や性別などに関係なく活躍でき、幸せを感じる社会が求められています。よって、ダイバーシティ（多様性）とインクルージョン（包摂）による持続的成長との好循環が重要となっているのです。

　大学においては、教育研究を効果的に進めるためにも多様性が重要です。また、社会や多くの企業ではダイバーシティ・マネジメントの考え方が注目されていますが、大学においても、その重要性は同じです。

　経済産業省では、ダイバーシティ経営を「多様な人材を活かし、その能力が最大限発揮できる機会を提供することで、イノベーションを生み出し、価値創造につなげている経営」と定義しています。

　そして、「多様な人材」とは、性別、年齢、人種や国籍、障害の有無、性的指向、宗教・信条、価値観などの多様性だけでなく、キャリアや経験、働き方などの多様性も含み、「能力」には、多様な人材それぞれの持つ潜在的な能力や特性なども含むとしています。

　「イノベーションを生み出し、価値創造につなげている経

営」とは、組織内の個々の人材がその特性を活かし、生き生きと働くことのできる環境を整えることによって、自由な発想が生まれ、生産性を向上し、自社の競争力強化につながる、といった一連の流れを生み出しうる経営のことです。（経済産業省ウェブサイト[37]より）

　大学は、教育・研究によって、社会に有為な人材、いわゆるイノベーション人材を育成することが使命です。個々の教員にも、研究を通じてイノベーションを創出することが求められています。

　よって、大学経営人材である教職員には、大学の使命である人材育成や研究力向上を目指し、そのための環境を整え、積極的に大学改革を推進するという役割が課せられます。

　大学におけるダイバーシティ・マネジメントは、大学で働く教職員の多様性を意識して、一人ひとりの創造性や幅広い視点を培い、これをマネジメントすることで組織としての活力とイノベーション創出に繋がることになるのです。

---

[37] 経済産業省、2021、ダイバーシティ経営の推進、
https://www.meti.go.jp/policy/economy/jinzai/diversity/
（2023 年 5 月 14 日アクセス）

9.2. 多様性を活かす

　一方、インクルージョン (Inclusion) は、「包含」「一体感」と訳され、多様な人材がお互いを認め、一体感をもって組織運営を行っている状態のことを指します。

　ただ多様な人材がいるだけでは組織に成果をもたらすことはできません。多様な人材を活用し組織を活性化することが必要です。これが、インクルージョンです。教職協働も、多様な人材を活用して、まさに大学という組織を活性化することにつながるので、インクルージョンと言えます。

　内閣府の「令和元年度　年次経済財政報告」[38]によると、「多様な人材の活躍については、人数や割合等だけで判断することには限界があることにも注意する必要がある。それは、ダイバーシティが存在すること（一定割合の多様性が存在すること）と、その多様な人材がそれぞれの能力を活かして活躍できている状態（インクルージョン）とは必ずしも一致しないためである。例えば、女性割合が 50%である企業であっても、男女が平等に扱われていない企業や、適材適所でない人事配置を行っている企業などでは、多様な人材が活躍して

---

[38] 内閣府、令和元年 7 月、第 2 章　労働市場の多様化とその課題　第 1 節　多様な人材が労働参加する背景、https://www5.cao.go.jp/j-j/wp/wp-je19/h02-01.html（2023 年 5 月 15 日アクセス）

いるとは言えない。」と、述べられています。

　産業界のみならず大学においても、単に多様性を表す指標だけでなく、多様な人材を活かし、「ダイバーシティ＆インクルージョン」(Diversity and Inclusion：D＆I) を推進することが必要なのです。

　また、最近では、「公平性」を意味するエクイティー(Equity) を加えて、「DEI」あるいは「DE＆I」(Diversity, Equity and Inclusion) と呼ばれることも増えています。

　公平性も加わるため、より優れた組織風土を生み出せるようになるといわれますが、エクイティーを実施するには、ただ機会を与えるだけでなく、その与えたツールなどを一人ひとりの状況に応じて用意する必要があります。

　D&I の考え方は、SDGs の持続可能でよりよい社会の実現を目指すという目標そのものと重なり、基本理念である「誰一人取り残さない（取り残されない）」と同様な考え方と言えます。

9.3.　大学における男女共同参画推進

　大学において教育と研究を効果的に進めるためには、多様性がとても重要です。多様性の尊重が行われている場では、

教職協働も自然と進むはずです。

　実は、男女共同参画推進も、まさに「多様性の尊重」であり、Ｄ＆Ｉの一環と考えられます。とすれば、男女共同参画が進んでいる大学では、教職協働も進んでいるものと考えられます。そこで、あらためて大学における男女共同参画推進について見ていくこととします。

　令和 4 (2022) 年に内閣府男女共同参画局が作成した「男女共同参画白書」によると、男女共同参画社会の形成の促進に関する施策の第 4 分野に「科学技術・学術における男女共同参画の推進」[39]が挙げられています。

　具体的には

・科学技術・学術分野における女性の参画拡大
・男女共同参画と性差の視点を踏まえた研究の促進
・男女の研究者・技術者が共に働き続けやすい研究環境の整備
・女子学生・生徒の理工系分野の選択促進及び理工系人材の育成

---

[39] 内閣府男女共同参画局、令和 4 年 6 月 14 日、「令和 4 年度男女共同参画白書」
https://www.gender.go.jp/about_danjo/whitepaper/r04/zentai/pdf/r04_koujiyou.pdf（2023 年 5 月 17 日アクセス）

の4つの視点から様々な施策がまとめられています。

なお、第4分野の「科学技術・学術における男女共同参画の推進」について、国立大学や私立大学などの教育研究機関は、第2分野の「雇用等における男女共同参画の推進と仕事と生活の調和」に記載されている施策の対象となると補足されています。例えば、労働基準法、育児・介護休業法、次世代育成支援対策推進法、女性活躍推進法などの法律の適用対象が挙げられます。

9.4.　国立大学における男女共同参画推進

　国立大学は、平成 11 (1999) 年に国立大学協会（国大協）に「男女共同参画に関するワーキング・グループ」を設置し、平成 12 (2000) 年にこのワーキング・グループより「国立大学における男女共同参画を推進するために」という提言[40]が出されました。この提言では、大学における男女共同参画推進のための姿勢と方針の明確な表明がなされました。具体的には

---

[40]　一般社団法人国立大学協会、平成 12 年 5 月 19 日、「国立大学における男女共同参画を推進するために」、
https://www.janu.jp/active/txt6-2/h12_5.html
（2023 年 5 月 15 日アクセス）

- カリキュラムおよび研究におけるジェンダー学の拡大
  充実
- 大学における女性の雇用および教育関連の実情把握の
  ための調査資料の整備
- 女性教員増加のための教員公募システムの確立とポジ
  ティブ・アクションの採用
- 理工系・その他特に女性の少ない分野への女性参画の推
  進
- 非常勤講師の処遇および研究環境の改善
- 研究における男女共同参画の推進
- 女性研究者の研究環境の改善
- 育児環境の整備・介護との両立支援について

のように、多岐にわたっての多くの項目が挙げられ、早くか
ら男女共同参画推進体制が推進されてきました。

　さらに、平成 12 (2000) 年に女性教員比率に関する目標を
掲げ、目標達成に向けたフォローアップを行うために、平成
13 (2001) 年から「国立大学における男女共同参画推進の実
施に関する追跡調査」を開始しています。

　令和 5 (2023) 年 1 月に出された「国立大学における男女

共同参画推進の実施に関する第 19 回追跡調査報告書」[41]によると、「すべての国立大学が男女共同参画推進に係る改革を着実に推し進めてきた努力が見えると同時に、この調査を通じて男女共同参画推進の実態把握を求めてきたことが、各国立大学の取組を継続する支えになったものと確信しています」との記載があります。

　国立大学が一丸となって、男女共同参画に関わる多くの課題や目標に対し、PDCA サイクルを回しつつ確実に実現してきたことがこの報告書に表れています。

9.5.　私立大学における男女共同参画推進

　日本学術会議で出された平成 20 (2008) 年 7 月の「学術分野における男女共同参画促進のために」という提言の中のアンケート調査[42] では、男女共同参画を推進するための活動

---

[41] 一般社団法人国立大学協会、2023、「国立大学における男女共同参画推進の実施に関する第 19 回追跡調査報告書」、
https://www.janu.jp/wp/wp-
content/uploads/2023/05/202301houkoku_01-1.pdf
（2023 年 5 月 16 日アクセス）
[42] 日本学術会議科学者委員会　男女共同参画分科会、2008、「提言　学術分野における男女共同参画促進のために」、
https://www.scj.go.jp/ja/info/kohyo/pdf/kohyo-20-t60-8.pdf
（2023 年 5 月 26 日アクセス）

の実施状況は全体的に低いのが現状です。そのうち、「特に
していない」との回答のあった 451 校（回収率 64.3%）の内
訳は、国立大学の 35.1%に対し、公立大学が 69.5%であり、
私立大学に至っては 78.4%にも達していました。

　これらの結果から、男女共同参画を推進するための活動は
ほとんど実施されていないことがわかると分析されていま
す。さらに、私立大学では、男女共同参画に向けた活動が、
きわめて低調であることも明らかになりました。

　以上の調査結果をうけて、「大学における男女共同参画の
ための取組（両立支援策・専任教員採用策を含む）は、未だ
甚だしく不十分であり、特に私立大学を中心に、大学は学長
を中心として、今後も積極的に取り組んで行くことが必要で
ある」との提言もなされています。

9. 6.　芝浦工業大学における男女共同参画推進

　平成 20 (2008) 年 7 月の日本学術会議での提言では、特に
私立大学に積極的な男女共同参画のための取り組みが必要
であると述べられています。ただし、私立大学においても、
積極的な男女共同参画推進の取り組みが行われている大学
があるのも事実です。ここでは、芝浦工業大学における男女

共同参画推進の事例を紹介します。

　芝浦工業大学では、平成 29 (2017) 年に迎える創立 90 周年に向け、平成 20 (2008) 年に当時の柘植綾夫学長が発信した教学改革「チャレンジ SIT-90 作戦」の中で、男女共同参画推進[43] を重点項目として位置づけました。「チャレンジ SIT-90 作戦」は、「勝負はこの 10 年、改革は今」というスローガンのもと、教職協働で様々な教学改革を全学的に開始したものです。

　そして、平成 24 (2012) 年に柘植体制を引き継いだ村上雅人学長が、男女共同参画推進を明確に宣言し、毎年度新規採用教員の 30% 以上を女性とするなどの具体的な目標を学内外に発信しました。

　それは、これからの大学にとって多様性、そして男女の協働が重要と考えたからであり、また、社会で活躍する女性理工系人材を育成する（女子学生を増やす）ためにも、女性教員を増やす必要があると考えたからです。そして、「男性教員しかいない大学に、女子学生が来るだろうか」という問いを投げかけました。

　しかし、当時は男社会である日本の工業大学に男女共同参画はなじまないという固定観念があったためか、まともに取

---

[43] 村上雅人、2021、「教職協働による大学改革の軌跡」、東信堂、95-107

り合う教職員は多くはありませんでした。当時、教職員に対して行ったアンケートでは、「男女共同参画」という活動を知らない男性教員がほとんどであり、一方、女性教員も半ばあきらめがありました。

　そこで、「男女共同参画に関する女性教職員懇談会」を開催し、そこで明らかになったニーズを踏まえ、文部科学省科学技術人材育成費補助事業「女性研究者研究活動支援事業（一般型）」に教職協働で構想を練り、申請しました。

　この事業は平成 25 (2013) 年度から平成 27 (2015) 年度の3年間の事業として採択されましたが、さらにこの事業採択の翌年、平成 26 (2014) 年度からの 3 年間はお茶の水女子大学を代表機関とする「女性研究者研究活動支援事業（連携型）」にも続いて採択されました。

　この事業採択を契機に、平成 25 (2013) 年度に「男女共同参画推進室」を法人組織として設置し、全学的な取り組み体制を整備しました。そして、具体的な男女共同参画推進の活動は、教員と職員によるだけでなく、第 5 章 (5.2.4.) で紹介した「男女共同参画研究支援員」である学生も巻き込み、教職学協働で行いました。この結果、男女共同参画推進を伴う教育研究の実質化がなされ、学内での男女共同参画推進の取り組みが加速したのです。

　これらの取り組みの結果、本務教員の女性比率は平成 26

(2014) 年度の約 10%から令和 2 (2020) 年度には 20.8%と約
倍増し、女子学生も学部生が平成 26 (2014) 年度の 13.8%か
ら令和 2 (2020) 年度には 18.3%、大学院生は平成 26 (2014)
年度の約 9.5%から令和 2 (2020) 年度には 15.8%と順調に増
加しています。

　平成 27 (2015) 年には東京都より女性教員の積極的な採
用と女性教員のネットワーク形成における活動が認められ、
「女性活躍推進大賞（教育部門)」を受賞しました。この賞
は女性活躍に力を入れている団体を顕彰することを目的に
創設され、2 回目となる平成 27 (2015) 年度は、4 団体、1 個
人が選定されました。

9.7.　理系分野への女性進出

　多くの大学の工学部において入試でいわゆる「女子枠」を
設けるという動きが拡がっています。日本の大学においては、
工学部の女子学生比率は 15%程度であり、過去 20 年間変わ
っていません。これは、世界的にみても異常な事態です。

　2019 年の OECD（経済協力開発機構）が行った調査によ
ると、理系に進学する女子学生比率は、主要先進国 38 ヵ国
の中で日本が最下位です。

イノベーション創出には多様性が重要ということを紹介しました、少子高齢化が進み、資源に恵まれない日本では、イノベーション人材の育成がとても大切です。しかし、女性比率がこれだけ低いのは問題と言わざるを得ません。

　こうした状況を変えるための一環として、工学部に「女子枠」を設けて、女子学生を優先的に入学させようという試みが活発化しているのです。

　この背景には、国が理工系分野に女子学生を積極的に確保しようという大学には、国立大学の運営費交付金や、私立大学には私学助成を通して財政的支援をすると表明していることもあります。

　女子枠を設けることには、不公平ではないかという反対意見もあります。しかし、国際比較からみても、これだけ女子学生比率が低い日本においては、現状を打破するためには、思い切った施策を打つことも必要でしょう。

　芝浦工業大学においても、2018（平成 30）年度入試から女子学生限定の「公募制推薦入試」を工学部 4 学科（機械工学科、機械機能工学科、電気工学科、電子工学科）で実施しました。これら学科を機電系と呼んでいます。いま、機械や電気を扱う企業では、多様性重視の観点から女性を積極的に採用しようという動きがありますが、一方で、大学においては機電系の女子学生が圧倒的に少ないというミスマッチが

起きています。

　それを打破したいという狙いもありました。2022（令和 4）年度には工学部の全学科に展開し、さらに 2023（令和 5）年度には全 4 学部に展開しています。

　また、未来を担う理工系女性技術者の育成を目指すとして、2022（令和 4）年度から入学金相当（28 万円）を女子学生入学促進奨学金として給付する制度を設けました。

　これに関しては、不公平という意見もあります。一方で、工学部に進学したいが、親の反対などにより進学を断念したという女子学生も多いと聞きます。「女子枠」を設けることで、世の中に、理工系の女性の社会進出が求められているのだというメッセージが伝わることも重要ではないでしょうか。

9.8.　まとめ

　大学の使命は「教育研究による人材育成」です。さらに、混迷する現代社会や、日本が抱える問題を解決するには、イノベーション人材が求められています。大学は社会の要請に応えるためにも、大学自らがイノベーション創出の場になるとともに、それを支える人材の育成が急務です。

イノベーション人材は、多様性を認め、それを受容する環境から生まれると言われています。このため、大学には D&I や DE&I が必要であることを紹介しました。男女共同参画推進は、まさに、DE &I に通じます。さらに、教職協働も、多様性を尊重する大学においては、当然の施策として進めることができるのではないでしょうか。

第 10 章　これからの大学職員

　教職協働を進めるためには、大学の職員は教員を含めたステークホルダーから認められる存在になる必要があります。そこで、本章では、これからの大学職員に期待される能力と職員像について考えます。

10.1.　職員への期待

　現代は、未来予測が不可能で、かつ不安定な VUCA の時代と言われています。そして、このような時代を生き抜くためには、知識とともに知を活用する能力を身に付けることが重要と言われています。このような時代において、知の拠点としての大学が果たすべき役割がとても重要となっています。

　そして、大学は社会の要求に応え、イノベーションを創出する場となるとともに、イノベーションを創出できる人材を

育成することが重要な使命であることを言及してきました。

　この大学に課せられた重要な使命を果たすためには、教員や職員とともに、関係する多様なひとたちが、互いを尊重しながら協働で大学改革を推進する必要があることも指摘してきました。

　さらに、大学改革の推進には職員力が重要であり、大学の動きを止めないための鍵を職員が握っていることも指摘しました。

　教員の重要な使命は、教育と研究です。可能であれば、この重要な使命に集中してもらうことが重要です。一方で、大学運営という重要な仕事もあります。もはや、教員が教育研究の片手間でこなすレベルではありません。このため、職員には、教員の教育研究活動をサポートしながら、大学が社会の要請に応えるための大学改革を推進する存在となることが要求されます。さらに、大学運営がスムースに進むように常に考え、環境を整備する能力も必要となります。

10.2.　職員の能力

　それでは、職員に求められる大学改革を推進する能力とは、どのようなものでしょうか。まず、具体的にどのような改革

が必要かを整理し、それを分かりやすく学内に提示する必要
があります。そして、なぜ、そのような改革が必要かについ
ても説明が必要となります。

　具体例を挙げてみましょう。例えば、キャップ制の導入に
ついては、以前多くの教員から反対意見が聞かれました。キ
ャップ制は、学生が半期あるいは 1 年で履修可能な科目数
に上限を設ける制度です。

　教員からは、「やる気のある学生の意欲を削ぐ制度である」
という意見がありました。これに対して言ってはいけない回
答は「文部科学省がそう言っているから」です。

　まず、1 単位を取得するためには、予習復習を含めた 45 時
間の学修時間が必要であること、そして、それが世界標準の
教育質保証に必要とされていることなどの説明が必要です。
45 時間も必要と聞いて驚く教員も少なくありませんでした。
講義時間の 15 時間で十分と考えていたようです。

　そのうえで、学位の国際通用性を確保するためにもキャッ
プ制は必要な制度であり、海外でも導入されていると説明す
ると、多くの教員は納得します。もちろん、それでも反対す
る教員もいますが、キャップ制導入に正当な理由があること
から、次第に多くの教員の共感が得られるようになります。

　この他にもシラバスチェックの必要性や、ルーブリックの
導入など、教員の反発が大きいものでも、その背景と導入の

必要性を根気よく丁寧に説明すれば、制度の導入は進みます。

　そのためには、職員は体系化された知識を有することが必要です。教員にそこまで要求することはできません。教員には教育、研究に集中してもらうことのほうが大切だからです。そして、教員にも分かりやすく、新しく導入する制度の必要性を説明できる能力が職員には必要となります。

　さらに、幅広い領域のマネジメント能力があれば、教員から信頼される存在になります。そのためにも、職員は自ら常に学び続けることが大事です。

　大学改革を推進する職員はプロフェッショナル人材であり、管理運営の高度専門職といえます。改革の動きを止めない職員には、教育改革の動向を注視するとともに、制度の背景や、なぜ、この制度が導入される必要があるかなどの専門知識が必要です。

　幅広い専門知識と能力を有する職員の必要性については、第6章で触れましたが、これからの大学職員は、大学政策の動きを想定しつつ（未来を予測しつつ）、大学全体を俯瞰して捉え、教員や学生を含む多様な人々と協働し、戦略的に仕事をする高度専門職となることが求められるのではないでしょうか。

　もちろん、これらのことを完璧にこなすことは簡単ではありません。しかし、そうなろうと日々努力することが重要な

のです。

　さらに、大学の規模によっては、特定分野の専門職を多数
配置することが困難な場合もあります。そのような場合には、
例えば大学間で連携し専門知識を有する職員を複業人材と
して共有する制度を導入することも考えられます。もちろん、
簡単なことではありません。アウトソーシングも考えられま
すが、専門人材をいかに有効活用するかを考え、制度化して
いくことも、これからの高度専門職である職員がなすべき事
ではないでしょうか。

　大学が互いに連携し、アイデアを共有することは、所属を
超えて日本の大学全体のレベルアップにつながり、結果とし
て学生に対するメリットに繋がります。広い視野に立って大
学改革を推進することができる職員が、日本の大学の未来を
担うことになるのです。

10.3.　教育現場での協働

　大学の使命は、教育と研究を通して人材を育成することに
あります。大学は学生が主役です。「学生のために」という
想いを共有し、教育をより良きものにすることが「教職協働」
の原点です。

その取り組みとして、ひとつのアイデアを提供します。例えば、職員が授業に入っていくのはどうでしょうか。従来は、授業は教員の不可侵領域であり、職員はいっさい関与しないという不文律がありました。講義は、教員のものという考えが背景にあります。しかし、教職協働の実質化のためには、職員が授業に関与することも重要となります。

　職員が授業を参観したり、時にはTAのように授業の補助を行うことは非常に有益です。

　教員からすれば授業補助を得られることで、授業に専念でき、教育効果が上がることでしょう。(ただし、単なる雑用係となることは避ける必要もあります。)

　職員は授業に参加することで、授業の準備を含め教員の仕事への理解が進みます。いかに、教員が苦労し、いろいろな工夫をしながら授業を進めていることを目の当たりにすることが大事です。授業に参加した経験のある職員からは、教員に対する尊敬の念が高まったという話も聞きます。

　また、特徴的な授業や優れた授業であれば、大学としてその内容を発信することでプレゼンス向上にも繋がります。さらに、教育改革に関する補助金の獲得に繋がることもあり得ます。

　教員は、それぞれ毎回工夫しながら授業運営をしている方が多いですが、自分の授業が大学としての発信力に繋がるこ

となど想定していません。職員の目線でみるともったいない
と感じることがあります。積極的に教育の「ウリ」を見つけ、
発信していくと良いのではないでしょうか。

　もちろん、教職協働での授業運営は、授業を履修する学生
へのサービス向上にも繋がるはずです。

　日本の大学の話をするときに、必ず、比較対象として海外、
特に、アメリカの大学の話が紹介されます。職員についても、
アメリカとの比較がよく話題に上ります。

　日本は事務仕事をこなす職員であるのに対し、アメリカの
大学のスタッフ (staff) はアドミニストレーター
(administrator) であり、修士等の学位を有する専門家集団で
あると評価されています。

　颯爽としていて、教員とも対等に渡り合い、大学改革をも
主導している姿が想起されます。それでは、海外の大学の教
職協働はどうなっているのでしょうか。

10. 4.　アメリカの教職協働[44]

　ここでは、カリフォルニア大学連合（10 の州立大学から

---

[44] 村上雅人、2021、「教職協働による大学改革の軌跡」、東信堂、
111-112

なる大学連合で、幹事校はカリフォルニア大学バークレー校)が 1999 年の 1 月に編成された教職協働に関する**タスクフォース** (task force) の報告 "Report of the task force on faculty/staff partnership" (December 1999, University of California) を紹介します。

このタスクフォースは大学の教員と職員のメンバーからなり、まさに、教職協働の会議となっています。ただし、メンバーとしては教員が多数を占めています。本来であれば、多くの職員がメンバーに入り、現場からの率直な意見を出すのが望ましいと考えられます。

タスクフォース設置の目的のひとつに、"build awareness of the avenue available to faculty and staff to resolve conflicts." とあります。

ここで、注目したいのは "to resolve conflicts" という文言です。和訳すれば「対立を解消するため」となります。つまり、カリフォルニア大学においても、「教員と職員間の対立」が存在しているという前提に立って、タスクフォースが結成されたということです。

そして、重要な視点として "recognize that there are differences in roles, but that both faculty and staff bring value to the University, and equally share responsibility for creating and sustaining a positive work environment." とあります。つまり、

教員と職員の役割には違い (difference in roles) がある。これを認識したうえで、教員も職員も、ともに、大学の価値を高める存在でなければならない。さらに、前向きな職場環境 a positive work environment をともに創り上げ、維持する責任を共有する必要があるとしているのです。

　これは、とてもよい提言ですし、納得できます。ただし、重要なのは、それを実現するために具体的に何をすればよいかという点ではないでしょうか。教員と職員の立場や、大学での役割が違うというのは、誰でもが分かっていることです。

　さらに、"strong partnerships based on mutual trust and respect" という表現があります。つまり、相互の信頼 mutual trust と、互いの立場の尊重 respect ということです。もちろん、重要な指摘ですが、ここでも、具体的に何をすればよいかが不明です。

　それでは、教職協働を具体的に推進するためには、どのような方策が考えられるのでしょうか。ひとつは、教職協働がうまく進んでいる組織の good practice を参考にすることと書かれています。そして、カリフォルニア大学連合所属のいろいろな大学における成功事例が紹介されています。ここでポイントになるのは、教職協働でことを進める体制がどうして実現できたかではないでしょうか。もちろん、大学による組織的な支援も重要ですが、教員と職員の双方が教職協働の

意義を認めることが第一歩と考えられます。

　一方で、"to resolve issues of conflict before they reach the critical stage." つまり「教職間の対立が深刻な段階に至る前の解決策として」、大学に相談窓口を設けることとあります。早めの対処が必要ということでしょうが、やはり、対立を未然に防ぐ施策も重要です。

　いま、大学改革が叫ばれ、多くの教職員が、本来の「教育研究による人材育成」ではなく、雑事に忙殺されているという指摘もあります。しかし、教員と職員が知恵を出し合い互いに協力することで、多くの仕事がスムースに進むはずです。その効用が実感できれば、教職協働は自然と進むのではないでしょうか。

おわりに

　本書のメインテーマは「教職協働」です。大学はそもそも
が、多様な人々が集まり、多様性の中でイノベーションを創
出することが求められている組織です。教職協働においても、
基本的な考え方は同じです。よって、ダイバーシティ・マネ
ジメントの上手く回っている組織では自然と教職協働も進
みます。

　大学職員には社会の変化や様々な社会課題に対し、迅速に、
そして柔軟に、「一人ひとりの学生の幸せのために」を念頭
に、いろいろな事に対応するという視点が大切であり、それ
が実践できる組織は成長していくことと思います。

参考文献

石渡朝男、2008、「実務者のための私学経営入門」、法友社

井原徹、2009、「大学経営を支える理事・職員の心得」、学校経理研究会

苅谷剛彦・吉見俊哉、2020、「大学はもう死んでいる？」、集英社新書

佐藤厚、2022、「日本の人材育成とキャリア形成」、中央経済社

芝浦工業大学、2016、スーパーグローバル大学創成支援事業報告書 (2015-2016)

大工原孝、2023、「プロフェッショナル職員への道しるべ」【ウニベルシタス研究所叢書】、飛翔舎

高野篤子、2018、「イギリス大学経営人材の養成」、東信堂

高野篤子、2012、「アメリカ大学管理運営職の養成」、東信堂

竹中喜一・中井俊樹、2021、「大学職員の能力開発」、玉川大学出版部

寺崎昌男、2016、「21世紀の大学：職員の希望とリテラシー」、東信堂

ブルース・マクファーレン、2021、「知のリーダーシップ」（齋藤芳子・近田政博訳）、玉川大学出版部

村上雅人、2023、「大学をいかに経営するか」【ウニベルシタス研究所叢書】、飛翔舎

村上雅人、2021、「教職協働による大学改革の軌跡」、東信堂

村上雅人、2021、「不確実性の時代を元気に生きる」、海鳴社

村上義紀・大工原孝、2020、「大学職員は、どこから来て、どこに行くのか【対談編】」、学校経理研究会

両角亜希子、2019、「学長リーダーシップの条件」、東信堂

山本眞一・村上義紀・野田邦弘、2005、「新時代の大学経営人材―アドミニストレーター養成を考える―」、ジアース教育新社

吉川倫子、2018、「私学経営」NO.525、私学経営研究会、22-33

吉川倫子、2020、「大学職員論叢」第8号、大学基準協会、25-30

吉見俊哉、2021、「大学は何処へ」、岩波新書

謝辞

　本書をまとめるにあたり、情報・システム研究機構（元芝浦工業大学学長）の村上雅人氏、慶應義塾大学（元芝浦工業大学副学長）の井上雅裕氏、慶應義塾大学の高橋剛氏、芝浦工業大学の室越昌美、秋山知彦、竹井和典、小倉佑介、宇佐美優里の各氏、神奈川工科大学の寺尾謙氏、ウニベルシタス研究所所長の大工原孝氏には貴重な意見をいただきました。

　また、本書の内容の多くは芝浦工業大学における経験をもとにまとめたものです。多くの有能な上司や仲間に恵まれたことで、微力ながら大学改革に貢献することができたと自負しています。ここに謝意を表します。

著者紹介

吉川　倫子（よしかわ　のりこ）

ウニベルシタス研究所上席研究員　学校法人追手門学院理事

1978年～2023年　学校法人芝浦工業大学事務職員

2001年総務部人事課長を経て、2006年から学事部次長、部長
として「教職協働による大学改革」を職員の立場から推進

2017年～2023年　評議員　　2018年～2021年　理事

2009年～2011年　大学行政管理学会理事

2011年～2013年　大学行政管理学会常務理事

ウニベルシタス研究所叢書

教職協働はなぜ必要か

2023年10月31日　第1刷　発行

発行所：合同会社飛翔舎 https://www.hishosha.com
　　　　住所：東京都杉並区荻窪三丁目16番16号
　　　　電話：03-5930-7211　FAX：03-6240-1457
　　　　E-mail：info@hishosha.com

編集協力：小林信雄、吉本由紀子
組版：小林忍
印刷製本：株式会社シナノパブリッシングプレス

©2023 printed in Japan
ISBN:978-4-910879-09-3　C1037

ウニベルシタス研究所叢書　　飛翔舎

日本の大学教育をよりよきものにしようと奮闘する教職員への応援歌

＜好評既刊＞

大学をいかに経営するか　　　　　村上雅人　　税込 1650 円
学長として大学改革を主導した著者が大学経営の基本は教育と研
究による人材育成の高度化であることを記した書

プロフェッショナル職員への道しるべ
―事務組織・人事・総務からみえる大学の現在・過去・未来―

　　　　　　　　　　　　　　　　　　　大工原孝　　税込 1650 円
ウニベルシタス研究所長であり、大学行政管理学会元会長が混迷の
時代に大学職員が進むべき道を指南

粗にして野だが　―大学職員奮闘記―　山村昌次　　税込 1650 円
永年、母校の大学職員として強い使命感と責任感のもと職務に当た
った著者が、学生への深い愛情と確かな指導力の大切さを説く

＜最新刊＞

教職協働はなぜ必要か　　　　　　　吉川倫子　　税込 1650 円
大学改革を教員との協働で成し遂げた著者が、教職協働の意義と重
要性を説いている。多くの大学人にとって参考となる書